novum premium

Clid Overdrive

Das Leben eines Paketzustellers

novum premium

Bibliografische Information
der Deutschen Nationalbibliothek:

Die Deutsche Nationalbibliothek
verzeichnet diese Publikation in
der Deutschen Nationalbibliografie.
Detaillierte bibliografische Daten
sind im Internet über
http://www.d-nb.de abrufbar.

ISBN 978-3-903067-94-3
Lektorat: Lucy Hase
Umschlagfotos: Picsfive,
Vladimiroquai | Dreamstime.com
Umschlaggestaltung, Layout & Satz:
novum Verlag

Gedruckt in der Europäischen Union
auf umweltfreundlichem, chlor- und
säurefrei gebleichtem Papier.

www.novumverlag.com

Ich war 16 Jahre alt und hatte nach der Hauptschule die Schnauze voll, mir von Lehrern und Eltern immer wieder sagen zu lassen: „Junge, lerne einen Beruf für dein Leben.“ Ich hielt es für besser, sofort Geld zu verdienen. So zog ich durch unseren Ort in die ansässigen Betriebe und suchte mir einen gut bezahlten Job. In einem Betrieb bot man mir eine Arbeit an, die ich sofort annahm. Ich musste Handreichungen für einen Arbeiter an einer Maschine machen. Am Ende der Schicht musste ich alle Arbeitsplätze peinlichst sauber machen. Morgens musste ich für alle Mitarbeiter in einer nahe gelegenen Metzgerei das Frühstück einkaufen.

Als ich am dritten Morgen vom Einkaufen zurück war, bekam ich das erste ernsthafte Problem in meinem jungen Leben. Die Arbeiter dieser Firma ließen mich sozusagen ins offene Messer laufen. Beim ersten hatte ich angeblich nicht gebracht, was ich sollte, ein anderer behauptete, dass ich ihm zu wenig Wechselgeld zurückgegeben hatte. Obwohl ich mir bei jedem Mitarbeiter Notizen gemacht hatte, was er bestellt hatte und wie viel Geld ich dafür mitbekommen hatte, gab es eine heftige Diskussion zwischen mir und einem Kollegen. Zum Schluss dieser Diskussion musste ich mir noch den Spruch reinziehen: „Hättest du einen Beruf erlernt, könntest du heute rechnen.“ Diese Bemerkung traf mich sehr und ich wusste, dass ich dort als Loser behandelt wurde. Der „betrogene“ Mitarbeiter pochte auf die Auszahlung des angeblich fehlenden Wechselgeldes. Am Ende dieser Aktion hatte ich einen Verlust von über fünf Euro gemacht. Da ich mit keinem Cent in der Tasche vor Ort war, wusste ich nun nicht, wie ich diese vermeintlichen Schulden bezahlen sollte.

Als ich einige Zeit später dem Abteilungsmeister begegnete, fragte dieser: „Na, kommst du zurecht?“ Nachdem ich ihm über meinen Verlust beim Frühstückseinkauf berichtet hatte, meinte dieser, dass dies eine normale Reaktion zwischen Facharbeitern und Hilfskräften sei. Als ich den Meister fragte, wie ich nun wieder zu meinen verlorenen Moneten kommen könnte, meinte dieser: „Benutze deinen Geist dafür.“ Mir fiel hierzu spontan natürlich nichts ein. Der Schock dieses Erlebnisses saß bei mir so tief, dass ich mich kaum noch konzentrieren konnte.

Von dieser ersten Schicht nach Hause gekommen, bemerkte mein Vater sofort, dass ich ein Problem am Hals hatte. Als dieser mich zur Rede stellte, schüttete ich ihm mein Herz aus. Ich bekam die gleiche Antwort wie auf der Arbeit: „Hättest du eine Lehre angefangen, wäre dir das nicht passiert.“ Er als gelernter Kaufmann wusste wahrscheinlich, dass man mit solchen Tricks ungelernten Arbeitskräften einen Denkzettel verpasste. Widerwillig gab er mir die Schuldensumme, die ich dem Mitarbeiter im Betrieb am nächsten Morgen zähneknirschend abdrücken musste.

Nachdem ich am nächsten Vormittag die angebliche Differenzsumme übergeben hatte, besaß dieser auch noch die Frechheit, eine neue Frühstücksbestellung bei mir aufzugeben. Ich gab ihm zu verstehen, dass mir sein tägliches Frühstück zu teuer würde. Dieser stellte seine Maschine ab und ging zu einem Kollegen, mit dem er eine Zeit lang sprach. Kurz darauf stand der Meister bei den beiden und führte mit diesen wohl ein ernsthaftes Gespräch. Der Maschinenführer, dem ich den Frühstückseinkauf verweigert hatte, ging mit hängenden Ohren zu seiner Maschine zurück und nahm seine Arbeit wieder auf. Während ich bei den übrigen Mitarbeitern die Frühstücksbestellung aufnahm, stand plötzlich der Meister neben mir und sagte: „Dein Freund, den du gestern angeblich beschissen hast, ist ziemlich sauer auf dich! Deine Reaktion kann ich allerdings verstehen. Ich hätte ihn sogar auf eine brutalere Art und Weise abblitzen lassen. Ich hätte ihm sein heutiges Frühstück so richtig vermiest!“

„Wie denn?“, fragte ich den Meister.

Dieser gab mir nur zur Antwort: „Da musst du selber draufkommen.“

Ich machte meine Runde mit der Frühstücksbestellung fertig und begab mich zum Metzger. Nachdem ich alles zusammenhatte, ging ich zur Firma zurück, um den hungrigen Löwen ihr Frühstück zu servieren.

Einer der Mitarbeiter sagte mir, dass ich mich vor dem Kollegen, dem ich an diesem Tag das Frühstück verweigert hatte, in Acht nehmen solle. „Der Typ geht mit dir bis zum Äußersten. Der hat in diesem Betrieb viele Mitarbeiter auf seiner Seite, die nun nichts unversucht lassen, dich fertigzumachen. Dieses Spiel hat der schon vor deiner Zeit mit anderen Hilfskräften erfolgreich durchgezogen."

Ich dankte ihm für den Hinweis und entgegnete: „Ich habe mich schon darauf eingestellt, dass ich in diesem Betrieb in Zukunft nichts mehr zu lachen habe. Ich habe diese Arbeit angefangen, um Kohle zu verdienen, wie ihr auch, aber nicht um asoziale Geschöpfe durchzufüttern."

Der Mitarbeiter antwortete nur: „Sieh dich vor, die werden nicht lockerlassen, dich fertigzumachen."

Ich nahm mir seine Aussage zu Herzen, und es kam, wie es kommen musste. Bereits einige Tage später hatte dieser psychisch gestörte Denunziant mich durch intrigante Maßnahmen beim Meister angeschwärzt. Auch machte er mich im Betrieb zum Gespött bei der gesamten Belegschaft. Nach einigen Wochen hielt ich diesen täglich steigenden Druck nicht mehr aus und verließ diese Arbeitsstelle. Ich begab mich wieder auf die Suche nach einem neuen Job mit guten Verdienstmöglichkeiten.

Doch auch bei anderen Firmen wurde ich nur als Loser behandelt und gehänselt. Meine Eltern nervten mich bis zu meinem 18. Lebensjahr mit dem Vorwurf: „Aus dir wird wohl nichts mehr in diesem Leben!" Kurz vor der Vollendung meines 18. Lebensjahres fand ich in einer Zeitungsannonce die für mich ultimative Arbeitsstelle. Ein Unternehmen suchte per sofort Kraftfahrer „für leichte Tätigkeit bei guten Verdienstmöglichkeiten". Das war für mich das, was ich gesucht hatte. Einen Job mit einem Fahrzeug unterwegs und keiner nervte mich.

Ich ging mit dieser Annonce zu meinem Vater, der mir gleich die Frage stellte: „Wie willst du ohne Führerschein einen solchen Job annehmen?“

Ich widersprach ihm damit, dass ich den Führerschein schnellstmöglich machen würde und es bestimmt auch noch später die Möglichkeit gäbe, in dieser Branche einen Job zu bekommen.

Mein Vater hatte sich Bedenkzeit erbeten und eine Rücksprache mit meiner Mutter eingeräumt, die schon seit längerer Zeit meine Zukunft abgeschrieben hatte. Nach einigen Tagen teilten mir meine Eltern ihre Sichtweise mit. Sie boten mir an, das Geld für den Führerschein vorzustrecken. Bedingung wäre allerdings eine spätere Rückzahlung in Raten. Ich war voll begeistert und machte auch innerhalb von sechs Monaten den heiß begehrten Führerschein. Als ich ihn in meinen Händen hielt, begab ich mich voller Stolz zu meinen Eltern und sagte, dass mir nun die Welt zu Füßen liege. Ich blätterte ab diesem Zeitpunkt in allen verfügbaren Zeitungen, um einen Job zu finden, für den man den Führerschein brauchte. Wie durch Zufall suchte der gleiche Unternehmer wie vor einigen Monaten noch einen Fahrer für Kurierdienste. Durch die Telefonnummer in der Annonce kam es auch einen Tag später zu einem Gespräch mit dem Chef des Transportunternehmens. Er erklärte mir, um was es sich bei dieser Arbeit handelte und was ich dabei verdienen konnte. Arbeitsbeginn wäre morgens um fünf Uhr.

Am nächsten Morgen Punkt fünf stand ich bei einem Paketdienst in einer Halle mit einem endlos erscheinenden Förderband. Hier musste ich den Fahrer suchen, dessen Tour ich übernehmen sollte. Nach einigem Herumfragen fand ich ihn an dem langen Strang. Ich stellte mich ihm vor und sagte ihm, dass mich unser Chef geschickt hatte, um diese Tour kennenzulernen.

Der Fahrer sagte: „Okay, dann stell dich hier neben mich ans Band und schau dir alles genau an.“

Ich hatte das Gefühl, dass zehntausende Pakete über dieses Band liefen. Wir mussten dort die für unsere spätere Fahrtroute bestimmten Pakete abheben und die Adressen und Paketnummern einscannen. Nach dem Einscannen des Packstückes musste dieses in einer Sammelbox, die sich direkt hinter dem Fließband befand, auf einem nach Tourenverlauf bestimmten Platz abgestellt werden. Diese Box war circa 20 Quadratmeter groß und sollte Platz bieten für über 200 Pakete. Mein Einweiser zog ein Paket nach dem anderen vom Fließband, musste diese einscannen und in der Box auf einen vorbestimmten Platz einsortieren. Zwischendurch wurden von anderen Fahrern, die links, rechts und gegenüber vom Fließband standen, Pakete, die für unsere Tour bestimmt waren, in unsere Box geschoben. Das gleiche Spiel ging auch umgekehrt. Dieses System funktionierte nur in einer Symbiose, obwohl die anderen Fahrer um einen herum von konkurrierenden Unternehmen waren. Nach zwei- bis dreistündigem Abheben, Scannen und Sortieren begann dann die Verladung der Pakete ins Fahrzeug, das am anderen Ende des Fließbandes und der Sammelbox an einer Rampe stand, die niveaugleich mit der Ladefläche des Fahrzeuges war. Nun mussten die Pakete, die entgegen der Richtung der Fahrtroute nach Zielort sortiert in der Box abgestellt worden waren, geladen werden. Dies erforderte selbstverständlich hundertprozentige Kenntnis der Tourenroute. Während des Ladeprozesses kam dann noch ein Bandleiter des Paketdepots vorbei und verteilte Express-Pakete für die zuständigen Touren. Hierbei handelte es sich um Sendungen, die bis zehn, 12 oder 18 Uhr zugestellt werden mussten. Zusätzlich, berichtete mir mein Einweiser, müssten während des Tourenverlaufs noch Abholkunden bedient werden, die ebenfalls termingebunden seien. Ich dachte mir dabei nichts Schlimmes, schließlich hatte mein Einweiser diese Tour selbst gefahren. Warum, um alles in der Welt, sollte ich das nach einer Einweisungszeit nicht auch schaffen? Nach dem Ladevorgang mussten wir an einen Schalter im Depot fahren, um Anfahrtsliste, Quittungen für Nachnahmepakete und Gefahrgut-Papiere abzuholen.

Nachdem mein Einweiser die notwendigen Papiere empfangen hatte, ging es um fast neun Uhr endlich zur eigentlichen Tätigkeit über. Wir hatten circa 50 Kilometer Autobahn vor uns, bis wir nach einigen Kilometern über Land zum ersten Ort unserer Auslieferungstour kommen würden.

Um 9:35 Uhr beim ersten Stopp am Ende einer Seitenstraße angekommen, erlebten wir die erste Enttäuschung. Ein größeres Packstück, das für die erste Abladestelle vorgesehen war, konnte wegen „Nichtvorhandensein des Empfängers“ nicht zugestellt werden. Eine Paketinformation für den Adressaten des Packstückes musste nun geschrieben und gescannt werden und in den Briefkasten geworfen werden. Zusätzlich musste man einen Paketaufkleber auf dem Paket anbringen und darauf eine Position ankreuzen, warum das Paket nicht zustellfähig war.

Nun ging es weiter zum nächsten Kunden. Hier gab es eine positive Überraschung. Dieser, wahrscheinlich ein Stammkunde, hatte dem Depot einen „Garagenvertrag“ erteilt, das hieß, wir durften alle Paketsendungen an einem vereinbarten Platz abstellen, ohne den Kunden mit unserer Anwesenheit zu belästigen. Eine Paketinfo im Briefkasten zeigte dem Empfänger an, dass ich eine Paketsendung an einem vereinbarten Ort rund ums Haus abgestellt hatte. Solch eine Zustellung war ein „Highlight“ für einen Zusteller, da die Zeit bekanntlich nicht stehen blieb.

Ich sagte zu meinem Einweiser: „Jetzt haben wir den Faden gefunden, nun läuft's.“

Dieser schaute mich nur an und erwiderte: „Lassen wir's auf uns zukommen. Job hier gut und schnell erledigt, fahren wir weiter zum nächsten Kunden.“

Dieser war ein gewerblicher Paketempfänger inmitten des Ortes. Hier kamen mehrere Pakete vom Fahrzeug. Jeder von uns beiden war mit einem größeren Paket bewaffnet und wir traten ein in das Bekleidungsgeschäft, grüßten das Personal, an dem wir vorbeigingen, und hörten aus dem Hintergrund eine etwas forsch klingende Stimme: „Die Pakete kommen wie immer nach hinten ins Lager.“

Ich dachte mir: „Vom Fahrzeug, das vor dem Ladengeschäft geparkt ist, bis zu dem Lagerraum sind es gute 50 Meter. Wenn ich dies allein machen muss, muss ich für alle Pakete bis zu sieben Mal vom Transporter bis ins Lager laufen.“ Beim Rein- und Rauslaufen fragte ich meinen Einweiser: „Warum benützen wir nicht die mitgeführte Transportkarre?“

Mein Einweiser erklärte mir: „Frage die forsche Stimme, die uns beim ersten Betreten des Ladenlokals, ohne unseren Gruß zu erwidern, die Richtung vorgegeben hat!"

Bei der nächsten Runde Paketeschleppen stand die forsche Stimme zufällig in unserer Marschrichtung bei einer Kundin. Ich erkannte sie nur an ihrem elitären Klang und passte einen Moment ab, in dem sie mal nichts sagte. Ich stellte mich vor sie, mit der Absicht sie anzusprechen. Bevor ich das Wort ergreifen konnte, schnauzte sie mich schon mit den Worten an: „Haben Sie ein Problem?"

Ich sagte: „Ja, ich habe ein Problem mit der Zustellung Ihrer Pakete. Wir haben eine Transportkarre im Fahrzeug, um uns die Arbeit zu erleichtern, und ich frage mich, warum wir diese hier nicht zum Einsatz bringen können."

Die elitäre Stimme fragte mich: „Wer sind Sie denn?"

Ich sagte ihr, dass ich ihr zukünftiger Zusteller sei.

Daraufhin erklärte sie mir: „Sie sind hier in einer renommierten und exklusiven Modeboutique. Der Fußboden ist mit hochwertigem Bodenbelag ausgelegt. Sie glauben doch nicht, dass Sie mit Ihrer Transportkarre mit verschmutzten Rädern so einfach hier durchrollen können?"

Trotz dieses Anschiss erlaubte ich mir eine weitere Frage: „Haben Sie keine andere Anlieferungsmöglichkeit?" Nun wurde die forsche Stimme zum Megafon: „Wenn Sie zu faul sind zum Arbeiten, dann suchen Sie sich einen anderen Job, für diesen sind Sie ja wohl nicht geeignet." Die Kundin, die noch dabeistand, grinste mir dabei frech ins Gesicht.

Mit hängenden Ohren verließ ich das Geschäft und begab mich zu unserem Fahrzeug. Mein Einweiser, der bereits alle Formalitäten mit einer Mitarbeiterin erledigt hatte, erwartete mich schon und fragte grinsend: „Na, hattest du Erfolg bei dem Rendezvous mit meiner Busenfreundin?"

Ich sagte zu ihm: „Wenn ich diese Tour übernehme, kann mich diese arrogante Pute kennenlernen", und fragte ihn: „Gibt es noch mehr solcher hochnäsiger Kunden?"

Er erwiderte nur: „Wie man's nimmt."

Wir fuhren weiter zum nächsten Kunden in der gleichen Straße, ebenfalls ein Gewerbetreibender. Mir graute schon jetzt vor dessen arroganten Anweisungen und Sprüchen. Mein Einweiser fuhr von der Hauptstraße ab in eine Seitengasse an eine Stahltür mit der Aufschrift „Warenannahme der Firma …“. Neben der Tür befand sich eine Klingel, die ich drückte. Keine Minute später öffnete sich die Tür, eine bildhübsche Frau stand uns gegenüber mit einem Lächeln im Gesicht und fragte: „Hallo, Jungs, bringt ihr mir wieder Arbeit?“

Ich sagte ihr, von ihrer total positiven Ausstrahlung überrascht: „Ja, leider bringen wir nur Arbeit, ich würde lieber was anderes mit Ihnen unternehmen!“

Sie antwortete lächelnd: „Leider müssen wir unsere Chefs reich machen und haben nur noch wenig Zeit für die Annehmlichkeiten des Lebens.“

Ich sagte nur enttäuscht: „Ja, ja, Hauptsache unseren Chefs geht’s gut.“

Mein Einweiser schubste mich an und raunte: „Wir müssen weiter, wenn wir noch alle Kunden bedienen wollen.“

Diese Begegnung baute mich für den Rest des Tages wieder auf nach der Standpauke zuvor von der „Modetussi“. Am liebsten wäre ich dort geblieben und hätte den Rest des Tages mit diesem positiv eingestellten Fräulein verbracht.

Doch mein Einweiser riss mich schnell wieder aus diesem Traum heraus. „Weiter geht’s“, sprach dieser.

Wir fuhren weiter zu den nächsten Kunden, die wir mehr oder weniger antrafen. Es lief fast wie an einem Fließband. Kunde angetroffen, Paket gescannt und Unterschrift von Kunde auf Scanner eingeholt, Paket übergeben und Tschüss. Oder Kunde nicht angetroffen und in der Nachbarschaft versucht das Paket an den Mann zu bringen. Bei Erfolg eine Info in den Briefkasten des eigentlichen Empfängers geworfen, welcher Nachbar das Paket entgegengenommen hatte. Nach vielen unzähligen Kunden bemerkte ich ein unangenehmes Gefühl in meiner Bauchhöhle. Ich hatte Hunger. Ich wunderte mich, dass mein Einweiser diesbezüglich noch nichts von sich hören ließ. Ich dachte mir: „Warte noch ein Weilchen, er ist wie ich ein Mensch aus Fleisch und Blut, der auch irgendwann mal was essen muss, um diese körperliche Schwerstarbeit zu schaffen.“

Doch als in der Ortschaft, in der wir uns gerade befanden, die Kirchturmuhr zwölfmal läutete, fragte ich meinen Einweiser: „Wann machen wir eigentlich Mittag und wo bekommen wir eine warme Mahlzeit?"

Der schaute mich von der Seite an und sprach: „Du hast in deinem Leben wohl noch nie einen solchen Job gemacht!"

Ich antwortete ihm, dass ich schon einige Jobs gemacht hatte, aber immer eine Mittagspause von mindestens 30 Minuten gehabt hätte. Daraufhin entgegnete der Fahrer: „Eine Mittagspause kannst du bei diesem Job vergessen, sonst schaffst du die Tour nicht."

Ich sagte: „Ich wäre ja schon mit einem Imbiss zufrieden, aber ohne eine warme Mahlzeit überstehe ich den langen Tag nicht."

In dem Ort, in dem wir uns gerade befanden, gab es eine Imbissbude. „Da kannst du dir was Essbares besorgen", sagte mein Kollege. „Dies ist aber nur möglich, weil wir zu zweit sind und so beim Abladen Zeit gewinnen."

Ich fragte ihn, ob er den ganzen Tag ohne etwas Essbares über die Runden käme. Er antwortete: „Ich frühstücke morgens nach dem Aufstehen um 3:30 Uhr während dem Anziehen. Ich habe immer eine Kanne Kaffee mit auf der Tour, damit ich nicht einschlafe. Am schlimmsten ist die monotone Rückfahrt über die Autobahn bis zum Depot. Bei dieser Fahrt hatte ich zu Beginn dieses Jobs große Probleme, die Augen auf zu halten." Ich unterbrach ihn in seinem Redefluss und fragte, wann wir an der Imbissbude wären. Er sagte: „Nach der nächsten Kurve sind wir da."

Endlich an der Imbissbude angekommen, konnte ich es nicht erwarten, etwas Essbares zu erhaschen. Am liebsten hätte ich ein Schnitzel mit Fritten und Salat bestellt, doch mein Fahrer sagte: „Übertreibe es nicht, mit einem Wurstweck ist es auch getan. Den kannst du während der Fahrt zwischen den Abladestellen vertilgen." Ich fragte ihn, ob er sich nichts zum Essen hole. Die Antwort war: „Nein, wenn ich heute etwas um diese Uhrzeit esse, verlangt mein Körper das gleiche Recht in Zukunft täglich! Von den 1.500 Euro netto im Monat kann ich mir das bei den hohen Mietkosten meiner 65-Quadratmeter-Wohnung plus Nebenkosten nicht erlauben. Ich esse nach Feierabend mit meiner Familie zusammen eine warme Mahlzeit."

Ich dachte mir: „Wie hält man diese körperliche Anstrengung ohne Nahrung den ganzen Tag durch?" Nachdem ich mit meinem Bockwurstweck ins Fahrzeug eingestiegen war und wir weiterfuhren, bemerkte ich, dass mein „Chauffeur" mit mir im Geiste mitgespeist hatte. Ich spürte, dass er auch gerne etwas gegessen hätte, und sagte zu ihm: „Ich hätte dir einen Wurstweck spendiert."

Er antwortete nicht darauf, obwohl ich das Gefühl hatte, er hätte das Angebot gerne angenommen.

Beim nächsten Kunden angekommen, legte ich mein Mittagessen auf dem Sitz neben mir ab und wir stiegen aus, um die nächste Paketsendung abzuladen. Nachdem wir das Paket des Kunden vom Fahrzeug genommen hatten, marschierten wir zu dessen Haus und drückten die Klingel. Nach einiger Zeit – mir kam es vor wie eine Ewigkeit – öffnete sich die Tür und der Paketempfänger dröhnte gleich los: „Kein Wunder, dass die Transportkosten beim Paketdienst so hoch sind, wenn ihr gleich mit einer ganzen Armee hier anrückt, nur um ein Päckchen zuzustellen!" Ich versuchte den Kunden zu beruhigen, indem ich ihm erklärte, dass ich ein neuer Zusteller in diesem Bezirk würde und in der Anlernphase wäre. Mürrisch setzte er seine unleserliche Unterschrift auf den Scanner, riss das Paket aus meiner Hand und schlug mir seine Haustür vor der Nase zu. Ich dachte mir: „Ist ja seine Haustür, die er in seiner Wut zerstört." Mein Einweiser sagte hinterher zu mir: „Das war der Herr General." Ich fragte ihn, ob er mich verkohlen wolle. Er erwiderte: „Nein, der Mensch war früher wirklich General in der Armee. Ich habe ihn immer mit ‚Herr General' angesprochen, dann ist er am friedlichsten. Bei mir ist er der General Zack-Zack! Wahrscheinlich erwartet er eine militärische Übergabe bei der Paketzustellung, wie zum Beispiel: Guten Morgen, Herr General, habe eine wichtige Mitteilung zu Ihren Händen."

Ich fing zum ersten Mal für heute lauthals an zu lachen und sagte zu meinem Einweiser: „Das fängt ja langsam an, richtig Spaß zu machen." Dieser schaute mich nur verwundert an und fuhr weiter zum nächsten Kunden.

Es war wieder ein gewerblicher Kunde, bei dem wir eine Zustellung und zugleich eine Abholung von Paketen zu erledigen hatten. Ich sagte zum Fahrer, ich würde es nun einmal alleine versuchen, er brauche nicht auszusteigen. Ich ging zu dem Geschäftsführer, wie es mir mein Einweiser zuvor gesagt hatte, und übergab ihm die Pakete, die für ihn bestimmt waren. Als ich dann nach den Abholpaketen fragte, wurde dieser auch gleich ungehalten und raunzte: „Sie sind viel zu früh, um die Pakete zu übernehmen." Ich fragte ihn: „Wieso?", worauf ich die Gegenfrage erhielt: „Wo ist denn der andere Fahrer, der die letzte Zeit kam, der kennt unsere Abholzeit." Ich fragte ihn, wann das sein sollte. Er erwiderte in einem scharfen Ton: „Frühestens in zwei Stunden." Ich erklärte ihm, dass wir noch viele andere Kunden bedienen müssten, die auch noch in anderen Orten ansässig seien. „Das interessiert mich nicht", meinte dieser, „ich habe vom Vertreter die feste Zusage erhalten, dass meine Pakete zur vereinbarten Zeit abgeholt werden."

Mein Einweiser hatte mitgehört, stieg aus und stand plötzlich bei uns hinter dem Fahrzeug. Er sagte dem Kunden, dass der Vertreter nicht die Abholungen machen müsse, die er den Kunden versprach. „Ich nehme nun die Pakete mit, die versandfertig sind, und dann sehen wir weiter." Damit war der Kunde vorerst einverstanden, allerdings mit der Erinnerung, dass wir zwei Stunden später wieder antanzen müssten. „Aber nicht später", fügte er hinzu, „da ich kurz danach Feierabend habe!"

Wir luden die fertigen Pakete auf das Fahrzeug und fuhren weiter. Kurz nachdem wir von diesem Kunden weggefahren waren, fragte ich meinen Einweiser, wie er nun mit dieser Situation umgehe. Dieser antwortete: „Der Alte kann mich mal am … lecken! Der bildet sich doch wahrhaftig ein, er wäre der einzige und wahre ‚Abholer' auf dieser Tour. Wenn ich bei diesem Typen in zwei Stunden noch einmal abholen soll, muss ich in einem anderen Ort, weit weg von hier, die Tour abbrechen, noch mal zurückfahren, einladen und wieder zum Ausgangsort zurückfahren. Das kostet mich eine Stunde. In dieser Zeit habe ich über zehn andere Kunden bedient. Das kann ich bei diesem engen Zeitfenster nicht einhalten."

Wir fuhren weiter und hatten die Pakete bei den nächsten Kunden mehr oder weniger gut an den Mann gebracht. Dann kamen wir an ein Reihenhaus in einem anderen Ort, um ein Paket zuzustellen, welches am Vortag nicht an den Mann, in diesem Fall nicht an die Frau gebracht hatte werden können. Kaum hatten wir geklingelt, ging auch schon die Haustür auf und eine weibliche Stimme ertönte. „Ihr wart doch gestern schon hier, um mein Paket zuzustellen, warum habt ihr es nicht beim Nachbarn abgegeben?" Mein Fahrer fragte die Dame, bei wem er das Paket hätte abliefern sollen. Diese sagte: „Wie wäre es zum Beispiel mit dem links angebauten Haus? Da wohnt eine Alte, die den ganzen Tag zu Hause ist und immer am Fenster hängt, die hättet ihr fragen können." Mein Fahrer erklärte der Dame, dass er genau dieses gestern versucht habe. Die ältere Frau habe auch am Fenster gelegen. Nachdem er diese gefragt hatte, ob sie die Paketsendung entgegennehmen würde, habe er die Antwort bekommen: „Für dieses Pack nehme ich keine Pakete an!"

Wutentbrannt begab sich die Paketempfängerin auf den Weg zum Nachbarhaus, um „die Alte" zur Rede zu stellen. Da diese ausnahmsweise heute nicht am Fenster herumhing, klingelte meine zornige Paketempfängerin diese Person aus dem Haus. „Die ‚Alte' erschien auch kurz darauf am Fenster und fragte, was sie tun könne. Meine Paketempfängerin dröhnte sofort los, warum sie gestern ihr Paket nicht angenommen habe und wie sie dazu käme, ihre Nachbarschaft als Pack zu bezeichnen. Nun kam eine Antwort, mit der mein Fahrer nie und nimmer gerechnet hatte. Sagte doch „die Alte": „Bei mir hat gestern keiner ein Paket abgeben wollen." Die Paketempfängerin schaute nun meinen Fahrer wutentbrannt an und sagte, diese Beleidigung würde sie zur Anzeige bringen, und mein Fahrer könne dann seinen Job an den Nagel hängen. Der drehte sich zu mir um und gab mir zu verstehen, dass wir uns ohne weiteren Kommentar von dort verziehen würden.

Als wir ins Fahrzeug eingestiegen waren, sagte der Fahrer zu mir: „Diese alte Schlange hat mich nun bei der Kundin voll in die Scheiße geritten."

Ich entgegnete ihm: „Kann es sein, dass die alte Dame vielleicht an Demenz leidet und sich wirklich nicht mehr an gestern erinnern kann?"

Mein Einweiser, noch immer ganz rot im Gesicht, sagte: „Die hat doch gestern noch ganz normal mit mir gesprochen. Doch nun weiter im Text, wir haben noch einige Kunden vor uns."

Nach diesem Unwetter ging es die nächsten Stunden ziemlich ruhig zu. Die letzten Zustellungen und Abholungen von Paketen verliefen im Sinne eines Zustellers. Gegen 18 Uhr bedienten wir den letzten Abholkunden. Dieser musste dann zur Krönung des Tages noch das Wort zum Werktag loswerden: „Kein Wunder, dass der Paketpreis von eurem Unternehmen so hoch ist, wenn ihr mit zwei Leuten für 20 Pakete anrückt." Ohne einen Gegenkommentar verluden wir die 20 Pakete, jedes um die 30 Kilo schwer, machten die Ladeluke zu und uns auf den Weg zum Depot. Bis dahin war es noch eine Wegstrecke von circa 45 Minuten ohne Zwischenfälle auf der Autobahn. Mein Fahrer sagte mir, dass wir bis spätestens 19 Uhr die Abholpakete im Depot abgegeben haben müssen, danach sei die Verladerampe geschlossen. Ich fragte ihn, was passieren würde, wenn ich die Tour alleine fahren würde und später ins Depot käme. Daraufhin bekam ich die Antwort: „Container 0815."

Ich fragte: „Was hat es mit diesem Container 0815 auf sich?"

Er erwiderte: „Ich wünsche dir niemals diese Situation."

Ich wollte wissen: „Wieso?"

Er antwortete: „Ich zeige es dir, wenn wir im Depot angekommen sind."

Mittlerweile auf der Autobahn angekommen, waren wir beide guter Dinge, dass wir nun in etwa 35 Minuten im Depot angelangt sein würden. Doch nach wenigen Kilometern auf der Autobahn kam es, wie es kommen musste, ein Stau. Mein Fahrer sagte mir, während wir im Stau standen: „Jetzt werden wir wahrscheinlich das live erleben, was ich dir eigentlich nur erklären wollte."

Nach kurzer Zeit ging es, Gott sei Dank, dann doch noch mal zügig weiter. Ich fragte meinen Fahrer: „Schaffen wir es noch pünktlich das Depot zu erreichen?" Er sagte nur: „Ich hoffe es."

Um 18:55 Uhr kamen wir im Depot an und fanden uns in einer Schlange von Fahrzeugen. Ich fragte: „Was ist nun?"

Er entgegnete: „Die acht Fahrzeuge vor uns warten alle darauf, an die Verladerampe fahren zu können."

Ich sagte zum Fahrer: „Du hast doch gesagt, dass die Rampe um 19 Uhr geschlossen wird."

Er erklärte mir: „Wenn noch einige Fahrzeuge auf dem Hof stehen, müssen die Mädels wohl länger machen. Wenn du aber um Punkt 19 Uhr alleine auf den Hof kommst, ist Plan B sicher. Das heißt, neben uns, wo wir jetzt stehen, siehst du die Container, von denen ich dir erzählt habe. Der Container 0815 steht immer in dieser Reihe von diesen 15 Containern. Den musst du anhand der Nummer, die auf jedem Container steht, suchen und dann musst du dort all deine Abholpakete hineinhieven."

Ich staunte: „Das ist doch für einen Mann unmöglich 30-Kilo-Pakete auf diese geschätzte Höhe von 1,80 Metern zu heben."

Der Fahrer gab zur Antwort: „Das wirst du auch wahrscheinlich nur einmal machen. Mir ist das auch nur einmal passiert. Danach wirst du deine Tour so einrichten, dass das nie wieder vorkommt!"

Ich fragte ihn als Unerfahrener, wie ich das verstehen sollte.

Er sagte prompt: „Entweder erledigst du dein Tagesgeschäft schneller oder Plan B tritt in Kraft, den habe ich dir ja erklärt. Wir haben momentan Sommerzeit, da geht es ja noch human zu. Wenn es auf die Weihnachtszeit zugeht, hast du wahrscheinlich bis zu 50 Prozent mehr Kunden. Ich habe diese Situation selbst noch nicht mitgemacht, habe aber morgens beim Abheben der Pakete immer den länger gedienten Fahrern am Band zugehört. Diese haben sich gegenseitig gesagt, was das vor Weihnachten wohl werden wird, wenn sie jetzt schon in der Sommerzeit so viele Kunden bedienen müssen. Als sie hier angefangen haben, wären sie in dieser Jahreszeit bei 50 Prozent weniger Kunden pro Tour gewesen."

Ich sagte daraufhin zu ihm: „Übertreiben diese Fahrer nicht ein wenig?"

Er entgegnete mir: „Ich weiß es nicht besser, und ich werde es auch nicht mehr hier erleben."

Diese Aussage nahm ich zum Anlass, ihn zu fragen, ob er eine bessere Arbeitsstelle gefunden hätte. Er erklärte mir, dass er Kfz-Mechatroniker gelernt habe, was eigentlich sein Traumberuf war. Allerdings habe ihm die Arbeit nach seiner Lehrzeit keinen Spaß mehr gemacht, da man in diesem Job nur noch unter Zeitdruck stehe. Für jede Reparaturarbeit wurde eine festgesetzte Zeit verlangt. „Nach Feierabend stehst du erst mal über eine halbe Stunde am Waschbecken, um deine Sauklauen wieder sauber zu kriegen. Aber im Vergleich zu diesem Job habe ich mich wohl falsch entschieden." Ich fragte ihn, ob er denn in seinem alten Job noch was gefunden hätte. Er sagte mir: „Ich bin noch jung genug, um mich beruflich weiterzubilden. Ich möchte in meinem Beruf den Meistertitel erwerben und eine eigene Werkstatt eröffnen. Dann möchte ich nur noch schwarze Hände bei meinen Mitarbeitern sehen. Aber nun hätte ich eine Frage an dich", sprach mein Fahrer. „Was hast du denn gelernt?"

Ich zögerte zuerst mit meiner Antwort und sagte dann, dass ich nach meinem Hauptschulabschluss die Nase voll gehabt hatte, mir ständig von älteren Leuten sagen zu lassen, was für mich das Richtige wäre. Ich wollte schnell viel Geld verdienen.

Mein Einweiser sagte ironisch: „Dann hast du hier genau das Richtige gefunden."

Ich fragte ihn, wie er das meinte.

Er antwortete sehr schnell darauf, dass ich als Ungelernter wohl nicht weiterkäme, als diesen oder einen ähnlichen Job bis zum Rentenalter durchzuziehen. „Hoffentlich bist du körperlich und nervlich dieser Anforderung auf Dauer gewachsen. Ich bin mir sicher, wenn du diesen Job einige Jahre gemacht hast, bist du am Ende deiner Kräfte angelangt. Du bist heute noch jung und voller Energie. Denke einmal einige Jahre weiter. Auch du wirst älter und schwächer, dann kannst du diese Arbeit nicht mehr bewerkstelligen. Das Rentenalter wirst du bei diesem Job nicht erreichen!"

Endlich, nach einer halben Stunde, kamen wir zu dem erwarteten Band, an dem wir unsere Abholer abladen konnten. Mittlerweile war es 19:20 Uhr. Die Dame, die von uns erst ein

Strichcodekärtchen scannen musste, war schon sichtlich erregt, da sie seit 20 Minuten offiziell Feierabend hatte.

Nach zehn Minuten waren unsere Abholer abgeladen. Doch damit noch nicht Schluss mit der täglichen Arbeit. Jetzt mussten wir noch zu einem Schalter fahren, um die Pakete, die wir tagsüber nicht zustellen hatten können, abzugeben. Zuvor mussten sie mit einem Aufkleber versehen werden, auf dem man ankreuzen musste, warum die Pakete nicht zugestellt hatten werden können. Mein Einweiser sagte mir anschließend, dass wir eigentlich noch zum Nachnahmeschalter müssten, um die kassierten Nachnahmegelder einzuzahlen. Zu unserem Glück hatten wir heute keine Nachnahmepakete gehabt.

Mittlerweile hatten wir 19:40 Uhr und endlich Dienstschluss. Wir stellten unseren Transporter vor dem Betriebsgelände auf einem Parkplatz ab und wünschten uns gegenseitig eine gute Nacht. Da ich mir noch kein eigenes Auto leisten konnte, musste ich meinen alten Herren bestellen, um mich abzuholen. Als dieser ankam und ich ins Auto eingestiegen war, fragte er gleich: „Wie war die erste Schicht?"

Ich erzählte ihm, was ich so alles erlebt hatte. Nachdem er mir auf der Heimfahrt das erste Mal, seit ich denken konnte, ohne mich zu unterbrechen zugehört hatte, kam danach selbstverständlich die altbekannte Frage des Pessimisten: „Hast du dir auch einmal die geleisteten Stunden errechnet? Du musst morgens um fünf Uhr anfangen, und ich habe dich nun nach halb acht hier abgeholt. Das sind über 14 Stunden am Tag, von Montag bis Samstag. Das sind über 350 Stunden im Monat, für einen Nettolohn von 1.500 Euro. Ich komme dabei auf einen Stundenlohn von nicht einmal vier Euro!" Weiterhin sagte er mir: „Ein gelernter Handwerker erhält einiges mehr für die halbe Arbeitszeit. Hättest du einen anständigen Beruf erlernt, würdest du morgens um acht Uhr anfangen und hättest nachmittags um 17 Uhr Feierabend, inklusive einer Stunde Pause."

Ich sagte zu meinem Vater: „Für mich sind 1.500 Euro im Monat viel Geld und ich habe einen krisensicheren Job, und solange ich solo bin, kann ich mit diesem Geld gut auskommen. Irgendwann in einigen Monaten werde ich mir auch ein eigenes

Auto kaufen können und dann bin ich unabhängig und muss dich nicht mehr beanspruchen."

Daraufhin kam für mich eine total überraschende Antwort meines alten Herrn. Er sagte: „Junge, wenn du mir einen Arbeitsvertrag für eine längere Zeit vorlegen kannst, bin ich bereit, dir das Geld für einen gebrauchten Kleinwagen vorzustrecken. Voraussetzung ist eine Rückzahlung von 200 Euro im Monat."

Mich beflügelte momentan ein Glücksgefühl, dass ich meinem Vater am liebsten um den Hals gefallen wäre. Ich nahm das Angebot gerne an und versprach, ihn nicht zu enttäuschen.

Zu Hause angekommen, nahm ich zusammen mit meinen Eltern eine warme Mahlzeit ein. Ich fragte meine Mutter: „Wieso eine warme Mahlzeit zu dieser ungewöhnlichen Stunde?" Sie sagte, dass sie sich schon gedacht hätte, dass ich tagsüber, ohne Geld in der Tasche, nichts Warmes zum Essen hatte kaufen können. Ich bedankte mich für diesen „Hotel-Mama-Service" und ging zu Bett. Vorher musste ich mir noch den Wecker auf vier Uhr stellen, um nicht den nächsten Morgen zu verschlafen. Trotz total körperlicher Anstrengung vom ersten Tag konnte ich noch nicht direkt einschlafen. Das Erlebte lief noch einmal Revue an mir vorbei, bis hin zu dem positiven Gespräch mit meinem Vater und der warmherzigen Aktion meiner Mutter. Irgendwann bin ich dann doch noch eingeschlafen, bis mich der Wecker um vier Uhr aus dem Schlaf riss.

Noch unausgeschlafen stieg ich aus meiner Kiste und bewegte mich Richtung Badezimmer. Dabei begegnete ich meinem Vater, ebenfalls unausgeschlafen, und wir erledigten zusammen im Bad die Morgentoilette. Nach einem kurzen Frühstück zu zweit machten wir uns auf den Weg zu meiner neuen Arbeitsstelle. Gegen 4:50 Uhr setzte mein Vater mich vor dem Tor ab und sagte mir, bevor er wegfuhr: „Junge, halte die Ohren steif!" Ich bedankte mich noch einmal für seine angekündigte Unterstützung und ging zu meinem Arbeitsplatz an den Fließbandstrang vom Vortag. Dort angekommen, sah ich einige Leute in guter Kleidung in der Verladebox herumlaufen, in der wir am

Vortag abgehoben und gescannt hatten. Diese warteten schon aufgeregt auf mein Erscheinen. Der eine der Herren verkündete mir knapp, dass der Fahrer, der gestern mit mir gefahren sei, einen Krankenschein abgegeben habe. Ich sagte nur: „Der war doch gestern noch bei bester Gesundheit." Der Bandleiter erklärte mir, er wisse nicht, was dem Fahrer fehle. Es sei nur sicher, dass er heute nicht kommen würde. Von meinem Chef war weit und breit nichts zu sehen. Ich fragte den Bandleiter, wer mich denn heute auf der Tour anlernen würde. Dieser sprach; „Du bist doch gestern mit auf der Tour gewesen." Ich antwortete: „Ja, aber ich kenne doch deshalb die Tour noch nicht." Daraufhin bekam ich die Antwort von dem Bandleiter in einem total unterkühlten Ton: „Du hast doch gestern auch Pakete abgehoben, gescannt und warst mit auf Tour. Beim Einsortieren der Pakete in der Box stelle ich heute noch einen Mann dazu, damit es schneller geht!"

Meine gesamte Euphorie vom Vortag brach nun über mir zusammen. Ich sollte nun allein alle Pakete abgreifen, scannen, mit Hilfe absetzen und anschließend ins Fahrzeug verladen. Ich sagte zu dem Bandleiter, der mich irgendwie an Sklaventreiber aus unserer Urzeit erinnerte: „Ich probiere es, soweit ich komme." Dieser erwiderte: „Es muss doch was vom Vortag hängen geblieben sein!" Zeit zum Antworten hatte ich nicht mehr, da das Band anfing zu laufen.

Da ich mich nicht so richtig auskannte, bekam ich von den Fahrern, die gegenüber am Band standen, unter Protest die Pakete für meine Tour in meine Box gestoßen. Ich entschuldigte mich bei diesen, dass ich noch nicht richtig wüsste, welche Pakete auf meine Tour gehörten. Ich bekam nur die gnadenlose Antwort: „Mach deine Augen auf, dann wirst du sie auch sehen!" Nun hatte ich Stress hoch zehn. Der Mann, der mir zur Seite gestellt wurde, wollte vom Abheben nichts wissen. „Ich bin nur zum Sortieren der Pakete in der Box abgestellt worden, alles andere ist mir zu viel Stress." Ich begann zu schwitzen wie ein Pferd beim 4.000-Meter-Lauf.

Nach über drei Stunden Vollstress war das Band leergelaufen, und ich dachte mir: „Nun hast du das erste Ziel erreicht." Doch „Pfeifendeckel", nun fing das Band an rückwärts zu laufen. Ich fragte den Sortierer in meiner Box, was nun noch passierte. Dieser antwortete: „Nun kommen die Pakete, die du beim Vorlauf übersehen hast, noch einmal vorbeigelaufen, um auch diese abzuheben, zu scannen und in der Box einzusortieren." Halb bedrohlich fuhr er fort: „Hoffentlich hast du alle Pakete beim Vorlauf abgehoben, ich muss nämlich jetzt weg, ich habe noch andere Arbeiten zu erledigen." Ich bedankte mich bei ihm für die Hilfe und sagte: „Es werden doch wohl nicht mehr allzu viele Pakete kommen?" Daraufhin verschwand mein Helfer eiligen Schrittes, als wüsste er, was noch kommen würde.

Und es kam noch knüppeldick. Als das Band endlich aufhörte zu laufen, hatte ich noch über 20 Pakete in meiner Box liegen, die ich nun noch scannen und in der Box einsortieren musste. Nun überlegte ich mir, wie ich das Fahrzeug beladen müsste. Mir fiel ein, dass noch eine sogenannte Anfahrliste vom Vortag im Fahrzeug liegen müsste. Ich begab mich in die Fahrgastzelle und fand zum Glück die heiß ersehnte Liste wie am Tag davor. Diese zeigte mir an, wie die Tour gefahren werden sollte, und ich brauchte nun nur noch die sortierten Pakete aus meiner Box der Strecke entgegengesetzt zu laden. Dies ging mir nun eigentlich ganz gut von der Hand. Nach Abschluss der Verladung schaute ich einmal um mich herum. Es waren alle Fahrer, die seit fünf Uhr um mich herumgestanden hatten, bereits auf und davon. Ich hatte in meinem Hochstress nicht bemerkt, dass alle schon verschwunden waren. Ich sprang eilig von der Rampe meiner Box, fuhr den Transporter zwei Meter vor und schloss die Verladetüren am Heck des Fahrzeuges. Jetzt musste ich noch an einen Schalter fahren, um den Scanner für die Tour vorbereiten zu lassen und die für die Tour notwendigen Papiere abzuholen. Dieser Vorgang dauerte auch noch circa zehn Minuten, aber die Leute, die das machten, ließen keinen Stress aufkommen. Ich hatte das Gefühl, dass sich keiner dieser Herren darum Gedanken machte, unter welchem Stress ich stand. Einer rief noch aus dem Hintergrund: „Ist das der neue Fahrer auf der Krankenscheintour? Ich brauche noch seine Handynummer." Während ich ihm die Nummer mitteilte, erschien ein Mann, kaum älter als ich, hinterm Schalter, in feinstem Zwirn gekleidet. Er unterhielt sich mit Mitarbeitern und entdeckte mich vorm Schalter. Er sprach mich mit den Worten an: „Ich bin hier der operative Leiter des Depots. Ich habe gehört, Sie fahren heute schon die Tour alleine. Das finde ich professionell!" Und er drehte seinen Blick zu einem Fahrer, der neben mir stand. „Du hast dich drei Wochen auf deiner Tour einweisen lassen. Von diesem Fahrer kannst du dir eine Scheibe abschneiden, er ist nur einen Tag mitgefahren und fährt heute schon alleine!"

Als ich diese Worte hörte, dachte ich mir: „Hoffentlich weiß dieser Mensch, von was er hier redet." Ich ging zu meinem Fahrzeug, gab das erste Ziel in ein Navigationsgerät ein, das mir mein alter Herr zur Verfügung gestellt hatte, und fuhr los. Es waren nur wenige hundert Meter bis zur Autobahn, und meine abenteuerliche Reise ging los.

Nun war ich mit mir allein, hinter mir auf der Ladefläche hunderte Pakete für viele Kunden, die heute auf mich im Verlaufe des Tages warteten. So hatte ich mir einen Neubeginn allerdings nicht vorgestellt. Aber ich war voller Euphorie, diesen meinen Traumjob zu erledigen und zu beweisen, dass ich wie die anderen Fahrer dazu fähig war. Mein Navi führte mich exakt bis zur ersten Abladestelle. Dort angekommen, bewaffnete ich mich mit meinem Scanner, nahm das erste Paket aus dem Verladeraum und begab mich zu dem Haus des ersten Kunden. Ich drückte die Klingel und gottlob, es wurde mir die Tür geöffnet. Beim Scannen des Paketes stellte ich fest, dass der Kunde zwei Sendungen bekam. Ich lief zurück zum Fahrzeug und fand das zweite Paket auch gleich. Nachdem ich dieses auch gescannt hatte, konnte ich die Pakete dem Kunden übergeben und ihn auf dem Scanner unterschreiben lassen. Meinen ersten Stopp hatte ich nun ohne Probleme abgearbeitet. Ich sagte innerlich zu mir: „Hoffentlich geht es so weiter."

Den nächsten Kunden suchte ich mir anhand eines Straßenatlanten und ich fuhr dorthin. Mit Scanner in der Hand und Paket unterm Arm ging ich zur Haustür und drückte die Klingel. Keine Reaktion. Ich fing an eine Paketinfo zu schreiben, um sie in den Briefkasten zu werfen, als dann doch die Haustür aufging. Ich begrüßte die Frau, die aufgemacht hatte, und sagte ihr: „Ich dachte schon, es wäre keiner zu Hause!"

Die Dame antwortete mir: „Ich bin nicht mehr die Jüngste, es dauert halt eine Weile, bis ich an die Tür kommen kann."

Ich erwiderte: „Das ist nicht schlimm, Hauptsache Sie sind da." Ich übergab ihr das Paket und ließ mir auf dem Scanner unterschreiben. Als ich ihr das Gerät hinhielt und um eine Unterschrift bat, meinte die Frau: „Ich bin über 80 Jahre alt, und ich weiß nicht, ob ich das auf eurem modernen Kram noch hinkriege."

Ich sagte: „Probieren wir es einfach einmal, das ist halt die moderne Technik, mit der wir uns alle auseinandersetzen müssen."

Sie brauchte drei Versuche, um halbwegs ihren Namen in den Scanner eingeben zu können. Ich bedankte mich und wünschte ihr noch einen schönen Tag. Nun dachte ich mir: „Es läuft doch ganz passabel mit der Auslieferung auf der Tour."

Die alte Euphorie wieder erreicht, fuhr ich weiter zum nächsten Kunden. Diesen suchte ich in einem engen Innenhof, in dem mehrere Häuser dicht beieinander standen. Von Hausnummern schien hier noch keiner was gehört zu haben. Ich musste zur ersten erreichbaren Haustür gehen, um dort nach dem Namen des Paketempfängers zu forschen. Eine Dame mittleren Alters öffnete und fragte mich nach meinem Begehren. Ich sagte dieser den Namen meines Adressaten. Die Dame antwortete: „Die hausen da drüben zwei Türen weiter, die sind aber nicht hier."

„Ich hätte ein Paket für das Haus", sprach ich zu der Dame. Diese sprudelte gleich verbal wie ein Maschinengewehr: „Das ist bestimmt wieder Hundefutter. Für diese Tierquäler nehmen weder ich noch die übrige Nachbarschaft etwas an. Die haben mehrere Hunde im Haus herumlaufen, die den ganzen Tag nur bellen. Die Hundebesitzer selbst sind von frühmorgens bis spätabends nicht zu Hause, und nicht einmal danach werden die Tiere rausgelassen!"

Ich bedankte mich bei der Nachbarin für die Info und machte eine Paketkarte fertig, um sie in den Briefkasten zu werfen. Kaum hatte ich sie eingeworfen, fuhr ein schrottreifes Auto in das Hofgelände. Eine Frau stieg aus und fragte mich, ob ich ein

Paket für sie hätte. Ich erwiderte: „Wenn Sie Frau ... sind, hätte ich ein Paket für Sie."

Diese sagte: „Ja, das ist für mich, es ist mein erwartetes Hundefutter. Da komme ich ja gerade recht, bitte bringen Sie mir das Paket ins Haus."

Ich nahm die 30-Kilo-Bombe vom Fahrzeug und ging Richtung Haustür. Die Empfängerin öffnete sie und wies mich an, das Paket in den Hausflur zu stellen. Als ich eintrat, blieb mir im Moment die Luft weg. Dort roch es nach einem Gemisch aus Urin, Kot und Körperausdünstungen. Ich stellte das Paket direkt hinter der Haustür ab, machte einen schnellen Schritt zurück an die frische Luft und holte mir eine Unterschrift auf dem Scanner. Ich hörte allerdings keinen Ton von einem Hund oder mehreren Hunden. Ich dachte mir: „Da hat die Nachbarin wohl etwas übertrieben wegen der Ruhestörung durch Hundegebell." Ich begab mich auf den Weg zu meinem Transporter und beobachtete beim Einsteigen die Paketempfängerin, wie sie in ihrer Stinkbude verschwand. Ich wollte gerade den Motor starten, als ich ein Gebell vernahm, das mich an einen Besuch in einem Tierheim erinnerte. Es war ein ohrenbetäubender Lärm aus diesem Gebäude zu vernehmen. Ich fuhr weg aus diesem Jammertal, denn ich hatte noch einige Kunden zu bedienen.

Die nächste Abladestelle war mir sehr wohl bekannt vom Vortag. Es war der Modeladen mit dem teuren Bodenbelag, über den keine Sackkarre rollen durfte. Ich betrat mit dem Scanner in der Hand das Ladengeschäft und suchte eine Mitarbeiterin. Wie durch Zufall stieß ich auf die gleiche Person, die mich am Vortag abgeputzt hatte. Ich grüßte sie und sagte ihr, dass ich acht Pakete anzuliefern hätte. Diese antwortete im bekannt scharfen Ton: „Sie wissen doch hoffentlich noch, wo Sie gestern unsere Ware hingebracht haben, oder übersteigt das ihr Denkvermögen?" Ich sagte zu ihr im gleichen scharfen Ton: „Das war gestern. Sie können Ihre Mitarbeiter herumkommandieren, mit mir treiben Sie dieses Spiel weder heute noch morgen. Wenn Sie keine andere Warenannahme haben, bringe ich Ihnen die Pakete hinter die erste verschließbare Tür, oder die gesamte Paketsendung geht als Annahmeverweigerung zurück zum Versender!" Die Dame, ich nahm an, dass es sich um die Chefin des Geschäftes handelte, bekam einen hochroten Kopf, schluckte einen Moment und sagte: „Ich werde mich bei Ihrem Chef über Ihr dreistes Verhalten beschweren." Ich entgegnete ruhig: „Tun Sie, was Sie nicht lassen können. Es könnte allerdings eine Beschwerde meinerseits bei der Berufsgenossenschaft nach sich ziehen!" Daraufhin gab sie kleinlaut zu verstehen, dass ich die Pakete im Eingangsbereich abstellen solle.

Beim Hinausgehen zum Transporter lief ich an zwei Mitarbeiterinnen vorbei, die das Gespräch wohl mitgehört hatten. Eine davon zeigte mir den nach oben gestreckten Daumen. Ich setzte die acht Pakete hinter der Ladentür ab und suchte die Chefin, um mir auf dem Scanner den Erhalt der Lieferung gegenzeichnen zu lassen. Doch diese war verschwunden, und ich fragte eine Mitarbeiterin, ob sie mir die Unterschrift gäbe. Während diese unterzeichnete, sagte diese Person zu mir: „Das hat sich noch keiner erlaubt, unserer Chefin Paroli zu bieten." Ich sagte ihr nur kurz: „Solchen arroganten Mitmenschen kann man nicht anders entgegentreten. Ich wurde einmal in meinem bisherigen Leben verarscht, wofür ich auch noch bezahlen musste. Dieses passiert mir kein zweites Mal, auch nicht bei Leuten, die meinen, sie wären was Besseres, nur weil sie den Chef heraushängen lassen wollen!" Ich bedankte mich bei der Mitarbeiterin fürs Quittieren und verließ diesen Tempel der Sauberkeit und des Grauens.

Ich stieg in mein Fahrzeug und fuhr weiter zum nächsten Kunden. Es vergingen noch keine zehn Minuten, da klingelte mein Handy. Ein Sachbearbeiter des Depots rief mich an, um mir mitzuteilen, dass sich die Kundin … beschwert hätte, dass sie die angelieferte Ware nicht zum Bestimmungsort geliefert bekommen hätte. Ich sagte diesem Anrufer: „Ich habe die Unterschrift als Nachweis, dass ich bei der Firma … alle Pakete abgegeben habe. Wo ist hier das Problem?" Der Anrufer sagte, ich wäre mit der Chefin in ein Zwiegespräch gefallen und hätte nicht nach deren Anweisung gehandelt. Ich gab nur kurz zur Antwort: „Das ist Ansichtssache, ich bin kein Mitarbeiter dieser Firma, ich muss nun meine Tour weiterfahren, um fertig zu werden."

Auch diese Typen, die den ganzen Tag in einem trockenen und klimatisierten Raum sitzen und sonst nichts zu tun haben, als die Paketzusteller noch mehr unter Druck zu setzen, als sie ihn schon haben, habe ich auf gut Deutsch gesagt „gefressen".

Leicht säuerlich zog ich weiter zum nächsten Stopp. Diesmal wieder eine Privatadresse. Nach kurzem Suchen in meinem geografischen Werk fand ich auch diese Adresse, fuhr hin, und, siehe da, Kunde war vorhanden. „Na, welch eine Überraschung. In vielen Fällen ist es Glück, den Empfänger selbst zu erreichen. Dann geht die Lauferei in der Nachbarschaft los. Diesen Kunden konnte ich ziemlich flott abfertigen, denn die Uhr bleibt nicht stehen", dachte ich mir. Und zu meinem Glück ging es bei den nächsten Kunden so weiter. Dies war wie Balsam für meine bereits angeschlagenen Nerven. Ich klickte im Scanner den nächsten Stopp an und mein Blut begann zu gerinnen. Nun war der Kunde vom Vortag an der Reihe, den wir zwei Stunden später noch mal hätten abholen sollen. Kaum war ich vorgefahren, stürzte schon der Geschäftsführer auf mich zu und fragte: „Wo ist der Fahrer von gestern?" Ich sagte: „Ich weiß es nicht, ich musste heute Morgen selber ins kalte Wasser springen und die Tour alleine abreißen." Unberührt von meiner Aussage zischte er weiter: „Und dann kommen Sie noch zwei Stunden zu spät. Das geht so nicht, ich habe Liefertermine bei Kunden, die bereits seit zwei Stunden nach ihrer Ware fragen!" Ich wiederholte mich und sagte, dass ich heute das erste Mal allein unterwegs wäre und die Tour noch nicht perfekt kennen würde. Ich fragte ihn nach den Abholpaketen. „Die stehen da hinten auf dem Rollwagen", antwortete er, „wenigstens ist es für die heute passend. Es sind natürlich heute mehr als gestern, da ihr ja nicht mehr wie vereinbart, die zweite Abholung gemacht habt." Ich erklärte ihm, dass es auch bei der stets steigenden Kundenfrequenz unmöglich sei, einen Kunden zweimal am Tag anzufahren. Er erwiderte, dass mein Chef ihm die Zusage gemacht hätte. Ich musste ihn, obwohl ich dafür eigentlich keine Zeit hatte, nun mal darüber aufklären, dass mein Chef nichts mit Vereinbarungen mit Kunden am Hut hätte. „Mein Chef ist ein selbstständiger Transportunternehmer, der im Auftrag des Paketdienstes diese Transportaufträge erledigt. Der Vertreter, der mit Ihnen die Abholvereinbarungen gemacht hat, ist ein direkter Mitarbeiter des Paketdienstes. Dieser Mensch hat keine Ahnung von dem, was wir leisten müssen. Sehen Sie", sagte ich zu dem Kunden, „in der Zeit, in der ich hier bei Ihnen herumstehe und Ihnen Erklärungen abgeben muss, hätte ich schon einige andere Kunden bedienen können! Dadurch wird es für die letzten Kunden immer später, die womöglich nicht mehr erreicht werden können. Diese sind dann genau so sauer wie Sie." Ich verlud die Pakete und verabschiedete mich, nicht ohne den Schlusskommentar des Kunden: „Morgen dann bitte pünktlich wie gewohnt!" Ich fuhr weg und wusste schon an diesem Tag, dass ich dies für morgen wohl auch nicht so richtig hinkriegen würde.

Nach vielen weiteren Stopps schaute ich auf die Uhr und musste feststellen, dass ich nicht mehr genug Zeit hatte, alle Pakete, die ich noch im Fahrzeug hatte, auszuliefern. Da ich noch Abholkunden bedienen musste, die auf alle Fälle taggleich erledigt werden mussten, musste ich nun die Auslieferung abbrechen. Also suchte ich wieder einmal auf meinem Kartenwerk die Straße des nächsten Abholkunden und machte mich schleunigst auf den Weg zu diesem.

Dort angekommen wartete man schon auf mich, da der Betrieb einige Minuten später Feierabend machen würde. Auch hier wurde ich nach dem Verbleib des alten Fahrers gefragt. Ich konnte nur erzählen, was mir im Depot berichtet worden war, dass der Fahrer sich krank gemeldet hatte. Die junge Frau, die mir die Abholpakete übergab, sagte beim Abschied: „Bestellen Sie dem freundlichen Fahrer Grüße und wünschen Sie ihm gute Besserung!" Ich sagte, ich würde es ausrichten, und verschwand zum nächsten Abholkunden.

Ich dachte schon, dass ich diesen nicht mehr erwischen würde. Doch zu meinem Glück hatte dieser Kunde eine längere Ladenöffnungszeit als der Vorgänger. Dort schnell alles eingeladen, fragte ich nach der Adresse des nächsten Kunden, der ganz in der Nähe sein musste. Der junge Mann, der mir die Pakete anreichte, sagte mir, dass der gleich um die Ecke wäre, aber seit einer Stunde geschlossen habe. Ich seufzte: „Oha, das ist nicht gut für mich, den sollte ich auch noch abholen. Ich fahre auf jeden Fall noch hin, vielleicht ist noch jemand vor Ort."

Vor dem Geschäftsgebäude angekommen, stieg ich aus, um an der Eingangstür nach den Geschäftszeiten zu schauen, als sich die Tür öffnete, ein korpulenter Herr im Nadelstreifenanzug vor mir stand und fragte: „Sind Sie ein neuer Fahrer?"

Ich sagte Ja und entschuldigte mich für mein spätes Erscheinen. Auch ihm erklärte ich meine Misere und er zeigte Verständnis für meine Lage. Im Scherz sagte er noch: „Hoffentlich hat meine Frau auch Verständnis dafür, denn die wartet schon seit einer Stunde auf mich fürs Abendbrot!" Ich antwortete ihm auch scherzhaft: „Ich kenne dieses Problem nicht, sonst könnte ich diesen Job nicht machen!" Beim Verladen der Pakete fragte der Mann mich, seit wann ich unterwegs wäre. Ich erzählte ihm, dass wir morgens ab fünf Uhr an einem Verladeband stehen würden, Pakete abhoben, dieselben scannten, sortierten und danach verluden. Gegen neun Uhr ginge es dann auf Tour zur Kundschaft. Als kluger Kopf, wie ich diesen Herrn bei der ersten Sichtung eingeschätzt hatte, sagte er: „Dann müssten Sie ja spätestens, inklusive Pause, gegen 13:30 Uhr Feierabend haben!"

„Das ist in diesem Metier wohl nicht die Regel", entgegnete ich ihm.

Er bohrte weiter und stellte mir die Frage: „Wann sind Sie fertig mit Ihrer Arbeit?"

Ich sagte ihm, dass ich bis spätestens bis 19 Uhr die Abholpakete, dazu gehörten auch die seinigen, im Depot abgegeben haben musste. In der Zwischenzeit müssten aber auch alle Zustellpakete verteilt sein. Bis ich dann im Depot alles erledigt hätte, sei es in der Regel 19:30 bis 20 Uhr. Für den Schlaf blieben mir nur noch circa sieben Stunden. „Heute Nacht wird es für mich wahrscheinlich noch weniger Schlaf, da man mich heute Morgen alleine und vollkommen unvorbereitet auf Tour geschickt hat. So muss ich heute über 30 Kunden in ihrer Erwartung enttäuschen."

Der Mann sagte zum Abschied: „Halten Sie die Ohren steif, es wird sich schon noch einspielen, jeder hat mal klein angefangen."

Ich erwiderte nur: „Ich hoffe es!“, bedankte mich für sein Verständnis und wünschte ihm eine prügelfreie Ankunft zu Hause. Er lachte und wünschte mir auch einen schönen Abend.

Mittlerweile war es 18:10 Uhr und ich musste mich sputen, die Abholpakete noch rechtzeitig ins Depot zu bringen. Um 18:55 Uhr wurde ich schon mürrisch an der Verladerampe im Depot empfangen. Ein Typ auf der Rampe machte mich regelrecht an, wo ich so spät herkommen würde. „Meine Leute haben gleich Dienstschluss, dann kommst du noch angeschlichen!“ Ich warf die Pakete auf das Band und musste noch zum Schalter, wo ich die Pakete, die ich zeitlich nicht mehr ausliefern konnte, abgeben musste. Dort standen noch einige Fahrer, die noch vor mir ihre Pakete abgeben mussten. Nach einer halben Stunde kam ich dann endlich an die Reihe und wuchtete meine nicht ausgelieferten Pakete auf den Schaltersims. Nach den ersten zehn Paketen fragte mich der Typ hinterm Schalter, ob ich heute nichts ausgeliefert hätte. Bevor ich eine Antwort geben konnte, erschien hinter dem Schalter ein Mann in feiner Kleidung und fragte mich: „Wieso haben Sie die Tour nicht fertig gefahren?“ Nun platzte mir der Kragen, und ich schrie diesen Typen an: „Sind Sie der Meinung, dass ich im Wald gestanden habe und auf den Feierabend gewartet habe? Sie haben diesen Job wohl noch nie gemacht, sonst würden Sie diese von Dummheit geprägte Frage nicht stellen!“ Als ich alle Pakete am Schalter abgegeben hatte, verließ ich wutentbrannt das Depot und fuhr den Transporter auf den Parkplatz vor dem Tor.

Kurz darauf klingelte mein Handy. Mein Chef war an der Strippe. Ich hob ab und sagte ihm gleich, dass der heutige Tag für mich ein Horror gewesen sei. Von allen Seiten sei ich beschossen worden. Er unterbrach mich in meinem Redeschwall und sagte mir, dass ich für den ersten Tag eine gute Leistung vollbracht hätte. Ich berichtete ihm, dass man mich auf der Tour und zum Schluss im Depot als Versager hingestellt habe und ich nicht wüsste, ob ich diesen Job noch weiter machen könnte. Er versprach, am nächsten Morgen zu mir zu kommen, um über die Probleme zu sprechen. Er verabschiedete sich und wünschte mir noch eine gute Nacht. Ich erwiderte den Wunsch und beendete das Gespräch.

Um 20 Uhr zu Hause angekommen, empfing mich meine Mutter noch mit den Worten: „Wo kommst du denn jetzt her, das Abendessen ist schon kalt?“ Sie wärmte es mir trotzdem noch einmal auf und ich schlang das Essen nur so herunter. Ich sagte: „Ich komme von einem Dienstleistungsunternehmen, bei dem die Arbeit wahrscheinlich kein Ende findet. Ich erkläre dir alles am Wochenende, wenn ich diesen Job noch überlebe.“ Meine Mutter, sichtlich besorgt wegen meines Zustands, schickte mich sofort ins Bett. Diesem Wunsch kam ich heute das erste Mal gerne nach, denn ich war richtig geschafft. Ich bin mir sicher, dass ich schon während des Hinlegens einschlief.

Um 3:30 Uhr riss mich der Wecker schon wieder aus dem Bett. Ich war noch hundemüde, aber ich musste raus aus den Federn. Ich erledigte schnell die Morgentoilette, steckte etwas Essbares zwischen die Kiemen, zog mich an, während mein Vater schon drängte, um mich zur Arbeit zu bringen.

Auf dem Parkgelände des Paketdienstes angekommen, suchte ich meinen Transporter und fuhr an meine Boxenrampe. Sehr eng ging es hier zu. Einige Transporter um meinen herum zeigten auch schon einige Kampfspuren. Rückwärts an meine Rampe angedockt, sprang ich auf die Rampe und begrüßte die Kollegen. Nach einem kurzen Smalltalk begann auch schon wieder pünktlich das Band anzulaufen. Wieder zog Paket um Paket an uns vorbei, um in die Bestimmungsbox abgehoben zu werden. So ging es weiter, bis auch das letzte vom Band genommen war. Zwischendurch erschien dann noch der Bandleiter mit einem Gehilfen und unterhielt sich mit jedem der Fahrer. Als er zu mir kam, war seine erste Frage: „Na, wie war der erste Tag?“

Ich sagte ihm: „Anstrengender, als ich mir vorgestellt hatte!“

Dieser antwortete: „Das wird jeden Tag besser, und danach macht es auch richtig Spaß. Ach, übrigens, der Abholer … möchte nach Vereinbarung abgeholt werden.“

Ich erklärte: „Ja, der nervt schon seit vorgestern, als ich das erste Mal mitgefahren bin.“

Gegen acht Uhr kam das letzte Paket vom Band. Irgendwie hatte ich das Gefühl, dass ich heute weitaus mehr Pakete hatte als am Vortag. Mein Gegenüber meinte: „Das ist doch logisch, du hast doch gestern nicht alle Pakete ausgeliefert, diese sind selbstverständlich heute auch wieder dabei."

Nun begriff ich langsam dieses System. Hier lebte man streng nach dem alten Sprichwort: „Was du heute kannst besorgen, das verschiebe nicht auf morgen, sonst tut es am nächsten Tag doppelt weh." Und so würde es an diesem Tag auch kommen. Ein Kollege neben mir nahm meinen Scanner und bemerkte: „Für heute bist du bedient, du musst ganz schön laufen, um diese 120 Kunden auszuliefern. Da hat schon ein geübter Fahrer Probleme, diese Menge wegzuschaffen."

Ich sagte so in die Runde: „Da muss sich der Bandleiter etwas einfallen lassen."

Neben mir bemerkte einer: „Von dem bekommst du die passende Antwort."

Ich fragte ihn, ob er diese Antwort schon kenne.

Dieser sprach: „Seit ich hier fahre, das sind schon einige Monate, habe ich auf deinem Platz schon viele kräftige und euphorische Typen fast sterben gesehen."

Ich fragte: „Wann kommt der Bandleiter noch einmal vorbei?", während ich das Fahrzeug zu laden begann.

„Mit viel Glück siehst du ihn noch heute Morgen", sagte einer ironisch, „der verträgt nämlich keine Fahrer, die ihm die Taschen vollheulen."

Ich hatte Probleme, alle Pakete ins Fahrzeug zu bekommen, als einer der Kollegen, der mich schon einige Zeit beobachtete, zu mir kam und sprach: „Geh mal zur Seite." Ich fragte, was er vorhabe. Der sagte: „Nichts", und riss einige Pakete wieder aus meinem Fahrzeug, um sie dann wieder neu einzuladen. Nach wenigen Minuten hatte er alle Pakete im Laderaum untergebracht. Zum Abschluss meinte er: „So, der Rest ist jetzt dein Job, und ich rate dir, mach dich so schnell wie möglich auf die Socken, sonst sitzen morgen die Pakete in deiner Box so hoch, dass du eine Leiter anstellen musst, um sie zu stapeln!"

Ich zog den Lkw vor, schloss die Ladetüren und fuhr hinter meinen Kollegen her zum Schalter, wo man die Papiere für die Tour bekam. Als ich an der Reihe war, die Papiere zu empfangen, fragte ich nach dem Bandleiter. Der Mitarbeiter hinterm Schalter zuckte mit den Achseln und sagte: „Der wird wohl noch in der Verladehalle zu tun haben.“ Er fragte mich, wozu ich ihn brauchte. Ich erklärte diesem mein Problem mit den vielen Kunden, die ich heute auf dem Auto hätte. Darauf kam wie aus einer Pistole die Antwort: „Für dieses Problem ist dein Chef zuständig, nicht der Bandleiter!“

Ich sagte: „Der Chef ist ja nicht vor Ort und somit auch nicht ansprechbar.“

Darauf bekam ich die Antwort: „Das ändert nichts an der Tatsache, dass der für deine Probleme zuständig ist.“

Ich fühlte mich allein und verlassen. Mit geknickten Ohren stieg ich in mein Auto und fuhr von dannen. Nach einigen Kilometern auf der Autobahn schrillte mein Handy. Ich hob ab und hörte die Stimme meines Arbeitgebers. Der fragte gleich, wo mein Problem liege, er wäre vom Depot angerufen worden. Ich erklärte ihm, dass ich, wie er ja selbst wüsste, am Vortag die erste Tour allein hatte fahren müssen und von dieser Tour noch 30 Kunden übrig geblieben wären, die man mir heute zu der neuen Tour zusätzlich aufgebrummt hätte. Dieser sagte in einem unterkühlten Ton: „Dann schau zu, dass die Kunden von gestern heute ausgeliefert werden!“

Ich fragte ihn, wie er sich das vorstellen würde. „Ich habe heute so viele neue Kunden wie gestern plus die 30 von gestern. Das heißt für mich, dass ich heute 60 Kunden nicht abarbeiten kann, die morgen früh auch wieder zu der neuen Tour hinzukommen.“

Er versprach mir, sich darüber Gedanken zu machen, und beendete das Gespräch. Nun fühlte ich mich total verlassen. Das Depot wollte nichts von meinem Problem wissen und mein Chef hatte wohl keine Ahnung, was hier abging. Ich erreichte die Autobahnabfahrt und fuhr voller Angst ins „altbekannte Operationsgebiet“ meiner Tour.

Beim ersten Kunden angekommen, kam gleich die nächste Enttäuschung. Nachdem ich bei diesem geklingelt hatte, passierte zuerst einmal gar nichts. Nach einer gefühlten halben Stunde drückte ich nochmals die Klingel, worauf plötzlich die Tür aufsprang und ich eine saftige Abfuhr erlebte. „Wer erlaubt sich, mich mitten in der Nacht aus dem Bett zu reißen?"

Ich sagte: „Paketdienst, ich habe ein Paket für Herrn ..."

Dieser fuhr mich barsch an und gab mir zu verstehen, dass er der Empfänger des Paketes sei.

Ich sagte ihm im ruhigen Ton: „Schön, dass ich Sie antreffe, ich freue mich über jedes zugestellte Paket."

Dieser antwortete: „Das nächste Mal gehst du gleich zu einem Nachbarn, ich möchte so früh nicht gestört werden."

Ich fragte ihn, ob er Nachtschicht gehabt hätte, dann entschuldigte ich mich für mein Verhalten.

Daraufhin bekam ich eine Antwort, die ich so noch nie in meinem Leben bekommen hatte: „Nur Blödmänner gehen in diesem Land noch auf die Maloche. Und nun gib mir endlich das verflixte Paket und schreibe dir hinter deine Proletenohren, dass du mich nie wieder wegen einer belanglosen Paketsendung um diese unchristliche Zeit aus dem Bett reißt!"

Ich streckte ihm noch den Scanner entgegen und sagte, er müsse noch den Erhalt der Paketsendung bestätigen. Wutentbrannt machte er einen Strich auf den Scanner und sprach: „Mach dich vom Acker."

Ich ließ mich allerdings nicht von seiner Art beeinflussen und sagte: „Das ist keine Unterschrift."

Darauf kam die Antwort: „Ich habe keine andere, von deinem Hausarzt kriegst du auch keine andere."

Ich musterte ihn und wand mich ab von diesem Abschaum der Menschheit. Diese Aktion hatte mich mehr Zeit gekostet, als ich eigentlich hatte. Im Weggehen sagte ich mir innerlich: „Hoffentlich war das die letzte Begegnung der dritten Art für heute."

Ich fuhr weiter und sah auf die Uhr, es war gerade mal 9:30 Uhr. Mein Scanner piepste um Punkt 9:30 Uhr. Dieses Geräusch kannte ich nicht und ich schaute auf das Gerät. Dieses zeigte mir an, dass ich in den nächsten 29 Minuten ein Express-Paket zustellen musste. Ich schaute auf die Adresse des

Empfängers und musste feststellen, dass diese Sendung in einem ganz anderen Gebiet, einige Kilometer entfernt von meinem derzeitigen Standort, zugestellt werden sollte. Ich hatte kaum Zeit zum Überlegen, da klingelte mein Handy. Die Stimme eines Mitarbeiters aus dem Depot sagte mir, dass ich eine Express-Zustellung habe, die umgehend erledigt werden müsse. Ich machte mich auf den Weg zu diesem Express-Kunden. Dort angekommen, war dieser nicht einmal vor Ort, um das Paket anzunehmen. Als ich eine Paketinfo in den Briefkasten geworfen hatte, klingelte schon wieder mein Handy. Schon wieder war die Stimme von vor einigen Minuten in meinem Ohr. Diese fragte, was mit dem Express-Paket wäre, es wäre noch immer nicht zugestellt. Ich sagte, dass beim Empfänger keiner erreichbar gewesen sei und ich das Paket nicht zustellen hatte können. Die Stimme im Handy sprach: „Versuche es, so schnell wie möglich, in der Nachbarschaft loszuwerden, die Zeit wird knapp."

Endlich, fünf Minuten später, fand ich eine Nachbarin, die mir das Paket abnahm. Die Dame erklärte mir, dass alle Pakete für diesen Handwerker zu ihr kamen. Ich bedankte mich bei der Dame und überreichte ihr gegen Unterschrift das Paket. Das hatte wohl noch in letzter Minute hingehauen. Doch hatte ich auf meiner Auslieferungstour nun eine Stunde verloren. Ich musste jetzt in mein altes Gebiet zurückfahren, wo ich die Tour wegen des Express-Pakets abbrechen hatte müssen.

Dort angekommen, musste ich mich zuerst wieder neu orientieren. Als ich den nächsten Kunden erreicht hatte, ging es gut voran. Kunde für Kunde konnte ich nun abarbeiten. Nach einigen erledigten Stopps kam ich in einer Seitenstraße an ein abgelegenes Haus. Hier hatte ich ein Päckchen zuzustellen, das schon während der ganzen Tour einen angenehmen Duft im Fahrzeug verbreitet und meine Sinne inspiriert hatte. Kaum an der Haustür angelangt, öffnete sich diese und eine gut aussehende Dame mittleren Alters stand im Türrahmen. Sie begrüßte mich mit den Worten: „Hallo, schöner junger Mann, bringst du mir mein Parfüm, das ich bestellt habe?"

Ich sagte: „Hallo, schöne Frau, ich weiß nicht, was sich in der Paketsendung befindet, aber es riecht sehr anregend." Irgendwie musste mich diese Dame falsch verstanden haben. Sie kam auf mich zu, streckte mir ihren üppigen, wohlriechenden Körper entgegen und sagte: „Na, Süßer, hast du etwas Zeit für mich, in bin allein zu Hause?"

Ich glaubte, ich träumte, was sich hier gerade vor mir abspielte. „Schöne Frau", sagte ich, „Sie sind sehr gut aussehend und Sie sprechen mich auch sehr an, allerdings habe ich momentan keine Zeit, eine längere Pause einzulegen. Ich habe noch zu viele Kunden zu bedienen und bin noch ganz neu auf der Tour."

Daraufhin sagte die Dame: „Schade, ich hätte dich gerne ein bisschen verwöhnt, aber vielleicht geht es das nächste Mal."

Ich entgegnete nur noch: „Tschüss, bis zum nächsten Mal", um schnellstens von dort wegzukommen.

Vor lauter Verlegenheit hatte ich vergessen, der Schönheit das Paket zu übergeben. Ich ging mit dem Päckchen in der verschwitzten Hand in Richtung Transporter. Auf halbem Weg rief mir die Flamme hinterher: „Lass mir wenigstens mein Päckchen hier, Süßer, wenn du schon keine Zeit hast." Ich musste wieder zurück und übergab ihr das Päckchen. Sie umfasste blitzschnell meine Hand, führte sie an ihren üppigen weichen Busen und hauchte mir die Worte ins Ohr: „Das nächste Mal bringe etwas mehr Zeit mit, ich warte auf dich."

Ich wurde fast schwach, doch eine Stimme in mir sagte: „Hallo, du bist hier, um ein Paket zuzustellen, und nicht, um zu flirten!" Ich zog widerwillig meine Hand von ihrem angenehmen Busen und versprach ihr, das nächste Mal länger zu bleiben. Innerlich kämpfte mein männliches Begehren gegen die verdammte Vernunft und die noch beschissenere Pflicht, einen Job erledigen zu müssen. Auf dem Weg zum Fahrzeug rief sie mir noch hinterher: „Bis zum nächsten Mal, mein Süßer!"

Nach dem Einsteigen ins Auto musste ich mir zuerst einmal mit einem Handtuch durchs Gesicht wischen. Ich war von Kopf bis Fuß verschwitzt. Ich startete den Motor und fuhr weg von dieser Stelle, die mich beinahe um den Verstand gebracht hätte. Diese Frau hatte mich so aus dem Gleis geworfen, dass ich den nächsten Kunden im Stadtatlas suchen musste. Auch bei den nächsten Stopps, die mal gottlob wieder ohne Probleme über die Bühne gingen, verfolgte mich das Erlebnis mit der sexsüchtigen Dame.

Ich schaute auf die Uhr, die mir sagte, dass es wieder an der Zeit war, die Abholer zu erledigen. Als Erster war der Spezi dran, dem es niemand recht machen konnte. Als ich vorfuhr, stand ein Mitarbeiter schon in der Tür, als würde er auf mich warten. Als ich aus dem Fahrzeug stieg, reichte mir der Mitarbeiter die Pakete, die ich nur noch ins Fahrzeug verladen musste. Nach getaner Arbeit bedankte ich mich bei dem Kollegen und wünschte ihm noch einen schönen Feierabend. Dieser erwiderte mir, dass dies noch zwei Stunden dauern würde. Daraufhin fragte ich den Mitarbeiter, warum ich hier so früh Abholung machen müsste. Ich bekam prompt die Antwort: „Das hat dein Vorgänger so verlangt. Der hat immer gejammert, dass er mit seiner Route nicht über die Runden kommt, wenn er bei uns rumhängen muss." Ich sagte nur: „Aha", und fuhr weiter zum nächsten Stopp. Ich konnte noch einige Pakete für Privatkunden abarbeiten, bis der nächste Abholer zeitlich erledigt werden musste. Dieser sprach: „Es ist eine Stunde später als gestern, was ist los?" Ich erklärte ihm mein Problem und er sagte: „Das habe ich schon befürchtet, ein neuer Fahrer, ein neues Problem."

Ich gab ihm die Antwort: „Dies ist wohl normal, wenn Menschen unter täglichen Höchstdruck gestellt werden, dem kaum jemand gewachsen ist. Die Anforderungen an einen Zusteller sind in diesem Metier einfach zu hoch."

Der Mann, ich vermutete, dass er in diesem Betrieb etwas zu sagen hatte, bohrte weiter mit seinem Fragen: „Warum macht man die Auslieferungstouren nicht kleiner, damit eine Auslieferung und Abholung der Pakete gewährleistet werden kann?"

Ich entgegnete: „Ich bin kein Betriebswirt, aber ich habe eine Vermutung."

Mein Gesprächspartner wollte unbedingt meine Vermutung wissen. Ich sagte ihm: „Wir leben hier in Deutschland, wo nur noch eines zählt: Die Gewinnmargen müssen jährlich steigen, um immer mehr Kapital anzuhäufen. Dies funktioniert selbstverständlich nur auf der Schiene, wenn man aus Mitarbeitern, wie im Mittelalter, Sklaven macht. Dies geht in dieser Branche, in der ich zurzeit tätig bin, sehr leicht, da hier keiner gewerkschaftlich organisiert ist und wahrscheinlich auch keiner Interesse daran hat, ein paar Euro in eine Gewerkschaft zu investieren."

Mein Gesprächspartner fragte mich, wie viele Stunden wir so am Tag arbeiten würden. Ich erzählte ihm, dass wir morgens ab fünf Uhr am Band im Depot stünden und selten vor 19:30 Uhr am Abend das Depot wieder verlassen könnten. Er sagte: „Das sind ja mehr als zehn Stunden am Tag."

Ich konkretisierte ihn und sagte: „Es bewegt sich zwischen 14 und 15 Stunden täglich."

Er zeigte sich sichtlich erschüttert über diese Ausbeuterei und fragte mich: „Wieso macht ein Mensch in unserer heutigen Zeit noch so etwas mit?"

Ich erzählte ihm, dass ich nach meiner Hauptschulausbildung keinen Bock mehr gehabt hatte, einen Beruf zu erlernen. Ich hatte einen Job gesucht, wo ich gleich Geld hatte verdienen können. Meine Eltern verfluchten mich wegen dieser Entscheidung, finanzierten aber trotzdem einen Führerschein und stellten in Aussicht, ein Auto für mich zu kaufen, wenn ich diesen von mir ausgewählten Job dauerhaft machte. Mein Gesprächspartner fragte mich, ob mir die 14 bis 15 Stunden auch bezahlt würden. Ich sagte: „Selbstverständlich bekomme ich diese Zeit bezahlt. Ich bekomme 1.500 Euro auf die Hand, und das ist für einen Junggesellen wie mich viel Geld."

Er lachte und sagte: „Diese Summe habe ich fast im dritten Lehrjahr erhalten, und das für die halbe Arbeitszeit."

Ich schluckte und erwiderte, ich müsste nun weiter, ich müsste die Abholpakete bis 19 Uhr ins Depot bringen.

Auf dem Weg zur Autobahn hatte ich aus Zeitgründen noch über 50 Pakete für unerreichte Kunden an Bord. Während der Fahrt gingen mir die Worte meines letzten Gesprächspartners durch den Kopf. Sollte mein alter Herr doch recht behalten haben damit, dass es besser gewesen wäre, eine Lehre zu machen? Eigentlich war doch dieser Job nichts anderes als ein erlernter Beruf. Wenn ich einen Beruf erlernte, machte ich doch anschließend auch immer die gleiche Arbeit wie hier auch. Der einzige Unterschied lag momentan doch nur in der längeren Arbeitszeit. Darüber musste ich mit meinem Chef reden. Schließlich lebten wir in einer Demokratie, wo alles, auch die Arbeitszeit, geregelt war. Ich würde für das Wochenende ein Gespräch mit meinem Chef vereinbaren. „Doch nun erst mal den Transporter leer kriegen, um Feierabend zu machen", dachte ich.

Nach kurzer Zeit erreichte ich das Depot. Es erwartete mich die gleiche Prozedur wie am Vortag. Es wurde wieder 19:30 Uhr, bis ich meine nicht ausgelieferten Pakete am Schalter abgegeben hatte. Der Mitarbeiter hinter dem Annahmeschalter sah mich fragend an, als er den Haufen von Paketen sah, und konnte auch nicht die Bemerkung zurückhalten: „Du bringst ja heute mehr Pakete zurück, als du heute Morgen geladen hast." Ich gab ihm zur Antwort, er sollte sich mal selbst auf den Bock setzen und nach einem Tag Einweisung die Tour alleine fahren. „Dann kannst du mir noch mal mit deinen dummen Sprüchen kommen!" Ich reichte ihm die Pakete über den Schalter, der eigentlich für diesen Zweck überhaupt nicht geeignet war, und verließ diese Stätte der Großmäuler.

Ich hatte das Gefühl, dass alle Mitarbeiter dieses Depots mit knapp über 20 Lebensjahren bereits über 30 Jahre Berufserfahrung hatten und obendrein noch allwissend waren. Ich stellte den Transporter auf den Parkplatz vor den Toren des Depots und stieg zu meinem Vater, der schon auf mich wartete, ins Auto.

Auf dem Nachhauseweg berichtete ich ihm, was ich an diesem Tag alles erlebt hatte, inklusive der Begegnung mit der liebestollen Tante. Dieser redete wieder auf mich ein, dass diese Tätigkeit eine Versklavung von ungelernten Mitarbeitern wäre. „Überlege einmal, wie viele Stunden du in den letzten Tagen auf dieser Arbeit verbracht hast! Selbst ein Mensch, der etwas gelernt hat und momentan keinen Job hat, würde sich diese Tätigkeit einen Tag mal anschauen und einem solchen unsozialen Betrieb für immer den Rücken kehren." Ich sagte meinem alten Herrn, dass ich diesbezüglich noch eine Unterredung mit meinem Chef beabsichtigen würde. Er bemerkte: „Das wäre auch dringend notwendig. Stelle dir einmal vor, du hättest eine Frau und eine eigene Wohnung. Du musst in der Früh um vier Uhr aus dem Bett, um pünktlich um fünf Uhr auf der Arbeit zu sein. Dann kommst du abends nicht vor 20 Uhr nach Hause, und das sechsmal in der Woche. Du schuftest fast 400 Stunden im Monat. In jeder anderen Branche werden circa 180 Stunden geleistet. Keine Frau der heutigen Welt macht dieses Spiel länger als zwei bis drei Wochen mit, danach findest du abends nach Dienstschluss nur noch eine leere Wohnung!"

Ich sagte ihm, dass ich kein Interesse an einer Bindung hätte und dass mir der Job eigentlich Spaß machte. Ich bräuchte nur ein eigenes Auto, um ihn nicht länger in meine Arbeitszeit einbinden zu müssen. „Ich komme mit vielen interessanten Menschen zusammen, und ich verrichte eine Dienstleistung, die für viele Menschen von Nutzen ist."

Mein Vater entgegnete: „Du bist ein unbelehrbarer Dickkopf, wie deine Mutter, die will auch immer alles besser wissen."

Zu Hause angekommen, fragte mich meine Mutter: „Na, wie war es heute?" Sie zauberte wieder eine warme Mahlzeit auf den Tisch und setzte sich neben mich. Ich bedankte mich bei ihr für ihre Fürsorge und erzählte auch ihr während des Essens meine Erlebnisse des Tages. Nachdem ich mit Heißhunger mein Lieblingsgericht, Schnitzel mit Fritten und Kopfsalat, verschlungen hatte, sagte ich, dass ich etwas müde wäre und gerne in mein geliebtes Bett gehen wollte. Meine Mutter meinte nur: „Nach solch einer langen Schicht kann ich das verstehen. Dann schlaf gut, mein Schatz, du musst ja wieder früh aufstehen."

Ich sagte: „Gute Nacht, Mutter, eine solche Frau wie dich kann sich jeder Mann nur wünschen!"

Sie nahm mich in die Arme und raunte: „Du wirst deinen Weg noch finden."

Ich ging in mein Zimmer, riss mir die Kleider vom Leib und warf mich auf mein Bett. Ich weiß nicht, wie lange ich noch wach im Bett gelegen habe, bis ich einschlief. Der ganze Tag lief mir wie ein Film an meinem inneren Auge vorbei.

Pünktlich um vier Uhr riss mich der Wecker wieder brutal aus dem Schlaf. Langsam fing ich an dieses Gerät zu hassen. Und so begann ein neuer Arbeitstag im Leben eines Paketdienstfahrers. Waschen, anziehen und von Vater auf die Arbeit gebracht werden. Dieser machte auch nicht gerade einen ausgeschlafenen Eindruck auf mich. Er sagte kein Wort zu mir während der Fahrt. Im Depot angekommen, stieg ich aus dem Auto und sagte: „Tschüss, bis später." Ich bekam keine Antwort und er fuhr weg. Ich fragte mich: „Was hat er bloß?" Ich hatte keine Zeit, darüber länger nachzudenken, ging zu meinem Transporter und fuhr in die Verladehalle, wo das tägliche Schauspiel begann. Punkt fünf Uhr fing das Band an zu laufen, und wieder rollten unzählige Pakete an mir vorbei. Während des Abhebens und Scannens kam an diesem Morgen der Bandleiter früher als sonst in Richtung meiner Box. Nachdem er sich mit einem anderen Fahrer neben mir unterhalten hatte, kam er direkt auf mich zu und platzte mit der Frage heraus, wie ich mir vorstellen würde, die vielen Überhangpakete von den letzten zwei Tagen auszuliefern. Ich gab ihm zur Antwort: „Das ist alles zu viel für die kurze Anlernzeit."

Er erwiderte: „Dies ist keine Antwort auf meine Frage."

„Ich schaffe noch nicht so viele Stopps, da ich noch nicht die notwendige Ortskenntnis habe."

Der Bandleiter sagte nun in einem unterkühlten Ton: „Du musst mehr aus dir herausgehen und schneller werden, du musst effektiver arbeiten. Außerdem habe ich eine Reklamation. Du hast vorgestern bei einem Stopp vier Pakete Kompletträder abgeladen. Der Kunde hat gestern eine Mail geschickt, dass er keine Räder bekommen hat."

Ich fragte den Bandleiter nach der Adresse des Kunden. Dieser übergab mir eine Sichthülle mit mehreren Seiten Inhalt und bat mich um Klärung. Ich nahm den Schriftsatz heraus und überflog ihn kurz, da ich mitten im Abheben der Pakete war. Der Bandleiter, der auf eine Antwort von mir wartete, fragte mich ungeduldig: „Na, was ist mit dieser Paketsendung passiert?" Ich sagte ihm, dass ich mich an die Anlieferung sehr gut erinnern könnte, da ich den eigentlichen Empfänger nicht angetroffen hätte. Stattdessen hatte mir eine ältere Dame die Haustür geöffnet und gesagt, dass ich die Pakete zu ihr ins Haus bringen solle. Nachdem ich sie darüber informiert hatte, dass es sich um Autoreifen handeln würde, hatte diese gemeint: „Dann bringen wir sie in die Garage. Ich hole den Schlüssel und komme dann dorthin." Ich hatte die Kompletträder aus dem Fahrzeug genommen und sie vor die Garage gestellt. Nach einer gefühlten halben Stunde war die alte Dame wieder aus dem Haus gekommen und hatte mir gesagt: „Ich kann den Garagenschlüssel nicht finden. Stellen Sie die Pakete vor die Garage, mein Schwiegersohn kommt bald zurück, der kann sie dann wegstellen."

Ich hatte geantwortet: „Das ist aber riskant, die Sachen vor der Tür abzustellen."

Sie hatte erwidert: „Das ist bei uns hier kein Problem, hier kommt nichts weg."

Ich hatte abschließend „okay" gesagt und mir eine Unterschrift auf dem Scanner geben lassen. Danach war ich weitergefahren.

Was sollte denn hier von meiner Seite aus falsch gemacht worden sein? Der Bandleiter sagte nur: „Kümmere dich darum, sonst musst du zahlen." Außerdem fuhr dieser fort: „Die Pakete, die gestern und vorgestern nicht ausgeliefert wurden, bleiben heute hier, die werden von einem Springerfahrer weggefahren!" Ich atmete auf und dachte: „Es geht doch. Wenn du deine Tour nicht schaffst, wird dir geholfen." Dies fand ich gut, denn so konnte ich wieder unbelastet mit ein paar Tagen mehr Erfahrung von vorne anfangen.

Nun ging mir die Arbeit wieder leichter von der Hand. Nachdem ich das Fahrzeug geladen und meine Papiere am Schalter empfangen hatte, sagte ein Typ, der mir neu erschien: „Du kriegst heute geholfen."

Ich sagte: „Ja, ich finde das auch für richtig, dass man einem Anfänger unter die Arme greift."

Der Typ antwortete nur: „Hoffentlich freut sich auch dein Chef darüber."

Ich dachte, der wolle mir nur Angst machen, wie man das mit Neulingen halt so machte, und stieg in mein Fahrzeug, um die neue Tour hinter mich zu bringen. Da ich an diesem Tag nicht mehr so viele Kunden zu bedienen hatte wie am Tag zuvor, hatte ich die Hoffnung, die Tour komplett abzureißen. Beim ersten Paketempfänger angekommen, klingelte ich, und siehe da, es wurde mir nicht geöffnet. Ich schrieb eine Paketinfo, warf diese in den Briefkasten, als sich doch noch die Tür öffnete. Ein kleiner Knirps stand da und sagte: „Meine Mama liegt noch im Bett.“ Ich fragte ihn, ob er denn die Tür alleine aufmachen dürfte. Der Knirps sagte nur: „Ich weiß nicht!“ Er ließ die Tür offen und verschwand im Haus.

Kurz darauf hörte ich ihn durchs ganze Haus rufen: „Mama, Mama, da steht ein Mann vor der Tür!“ Keine Minute später erschien die schlaftrunkene Mama im Nachthemd an der Tür und fragte mich in einem verärgerten Ton: „Was ist los?“

Ich sagte nur: „Sie haben ein Paket bestellt, das möchte ich Ihnen zustellen.“

Sie riss mir das Paket aus der Hand und wollte gerade wieder verschwinden. Ich rief ihr nach, ob sie mir den Erhalt nicht quittieren wollte. Zähneknirschend kam sie zurück und machte einen Haken auf meinen Scanner. Ich sagte ihr, dass der Scanner nur ausgeschriebene Namen annehme, und löschte den Haken auf dem Display. Noch wütender schrieb sie ihren Namen nun halb leserlich auf den Scanner. Ich bedankte mich, wünschte ihr noch einen schönen Tag, während vor mir die Haustür zuflog. Auf dem Weg zu meinem Transporter sagte ich: „Hoffentlich war dies der erste und letzte Penner für heute.“

Scheinbar hatte unser Herr im Himmel meine Worte erhört und es ging die nächsten Kunden zügig weiter. Ich hatte ja durch die Mama schon wieder einige Zeit verloren. Am Nachmittag kam ich dann zu der Adresse, wo der Kunde angeblich seine Kompletträder nicht bekommen hatte. Ein Pkw stand vor der Tür, woraus ich schließen konnte, dass jemand zu Hause war. Ich ging zur Haustür und klingelte. Ein Mann mittleren Alters öffnete und fragte, was ich wolle. Ich sagte ihm, dass ich der Zusteller sei, der ihm die Autoräder geliefert hatte. Er fragte mich, wo ich diese Räder hingeschafft hätte, bei ihm wären sie nicht angekommen. Nun spürte ich erst, was dieser Zeitgenosse im Schilde führte. Ich fragte ihn, wieso er eine Anlieferung anzweifelte, obwohl ich eine Unterschrift über die Anlieferung hätte. Prompt kam seine Antwort: „Ich habe den Empfang nicht bestätigt.“

„Das ist korrekt“, sprach ich zu ihm, „es war eine ältere Dame, die mir den Empfang bestätigt hat.“

Im gleichen Moment stand diese ältere Dame in der Haustür und rief: „Da ist doch der junge Mann von gestern.“

Das Datum stimmte zwar nicht, aber die Dame konnte sich noch an mich erinnern. Der Paketempfänger drehte sich zu der älteren Dame und zischte diese an: „Du sollst doch nicht vor die Tür kommen!“

Daraufhin sagte ich: „Da ist doch die Unterzeichnerin, die mir den Paketempfang bestätigt hat.“ Der Mann sagte mir, das wäre unmöglich, diese Frau wäre unzurechnungsfähig und auch nicht befugt, irgendwelche Unterschriften zu leisten. Nun wurde ich ungehalten zu dem Mann und gab ihm zu verstehen, dass ich nun die Polizei vor Ort bestellen würde, um diese Angelegenheit zu klären. Als ich das Handy nahm, um die Polizei zu rufen, fragte mich der Paketempfänger, warum ich solch einen Aufwand betreibe. Bis die Polizei da sei, vergehe eine lange Zeit, die ich nützen könnte, um andere Kunden zu bedienen, schließlich sei doch der Paketdienst für solche Fälle versichert. Nachdem ich ihn darüber aufgeklärt hatte, dass ich diese Rechnung bezahlen müsste mit meinem schmalen Gehalt und meine Existenz davon abhängig wäre, hörte ich plötzlich ganz andere Töne. Er bat mich um ein paar Minuten, die ich ja im Überfluss hatte, und verschwand im Haus.

Nach einigen Minuten kam er wieder vor die Tür und sagte, er hätte nicht bemerkt, dass sein Sohn nach der Schule die Räder in die Garage geschafft hätte. Ich verlangte von ihm, dass er die Garage öffnete, um mich selbst davon zu überzeugen. Jeder Blinde hätte sie hier mit dem frischen Gummigeruch wahrgenommen. Ich sagte nur noch, damit wäre wieder ein Missverständnis aus der Welt geschafft, und hielt ihm das Reklamationsschreiben vom Depot vor die Nase, welches mir mit seiner Unterschrift versicherte, dass die Paketsendung doch ordnungsgemäß angeliefert worden war.

Ich verließ wortlos diese Adresse, weil ich wusste, dass dieser Typ mich voll reinlegen hatte wollen. Bevor ich ins Fahrzeug einstieg, besaß dieser Mensch doch noch die Frechheit mir einen guten Tag zu wünschen. Ohne mich umzudrehen, verschwand ich von der Bildfläche und sagte mir selbst: „Wie schlecht ist diese Welt geworden, so etwas lebt und Schiller musste sterben!"

Schon wieder hatte ich wegen einem unehrlichen Zeitgenossen viel Zeit verloren. Wenn der Tag so weiterlief, konnte ich auch an diesem Tag nicht alle Pakete ausliefern.

Bis zu meinem speziellen Abholkunden am Nachmittag verlief nun alles recht erfreulich. Dieser war natürlich der Meinung, dass ich wieder nicht zu der versprochenen Zeit vor Ort gewesen wäre. Ich sagte ihm nur, er solle mal einen Tag diesen Job machen, dann würde er sich nicht mehr über Minuten aufregen. Und wieder bekam ich die Antwort, die ich schon allzu oft gehört hatte: „Hättest du einen anständigen Beruf erlernt, bräuchtest du diesen beschissenen Job nicht zu machen." Nun konnte ich nicht mehr an mich halten und stellte diesem Kotzbrocken die Frage: „Wie wurden denn früher die Pakete auf den Weg gebracht?" Dieser antwortete: „Mit der Post." Ich fragte ihn, ob das damals alles Akademiker gewesen waren, die die Pakete zugestellt hatten. Er gab mir nur zur Antwort, dass ich vorlaut wäre und dass er sich bei meinem Chef über mich beschweren würde. „Tun Sie, was Sie nicht lassen können", sprach ich zu ihm, „und passen Sie auf, dass wir nicht eines Tages Kollegen werden! Wenn Sie sich Ihrer Kundschaft gegenüber auch so hochnäsig benehmen, können Sie sich nämlich auch bald als Paketfahrer bewerben. Dann werden Sie wahrscheinlich keine Zeit und keinen Grund mehr haben, solch unprofessionelle Sprüche über die Lippen zu jagen!" Ich setzte mich in meinen Transporter und verschwand zu den nächsten Abholkunden.

In Nullkommanichts war es wieder einmal 18 Uhr und ich musste mich auf den Rückweg zum Depot machen. Mein gestecktes Ziel für diesen Tag hatte ich nicht erreicht. Es blieben schon wieder einige Pakete auf der Strecke. Ich fing an, an mir und meinen Fähigkeiten zu zweifeln. War ich wirklich unfähig diesen Job zu machen oder lag es nur an meiner ungenügenden Streckenkenntnis? Andere Fahrer erfüllten doch auch ihr Soll bei diesem Job. Kurz vor 19 Uhr im Depot angekommen, erlebte ich das erste Mal, dass der Weg zur Verladerampe direkt erreichbar war. Doch kaum dort angekommen und die Hecktüren geöffnet, hörte ich eine Stimme sagen: „Wo kommst du Lahmarsch denn jetzt her? Wir könnten schon Feierabend haben, wenn wir nicht auf dich hätten warten müssen." Ich gab der Stimme keine Antwort auf ihre dumme Frage und dachte mir nur: „Ihr könnt mich mal alle am ... lecken." Als ich die Abholpakete aus dem Auto geladen hatte, musste ich wie täglich noch zum Schalter für die nicht ausgelieferten Pakete, um diese dort abzuladen. Der Typ hinter dem Schalter grinste mich schon erwartungsvoll an. Ich musste ihm enttäuscht gestehen, dass ich die Tour immer noch nicht richtig im Griff hatte. Dieser nickte nur und sagte mir: „Ich kann das verstehen. Bevor ich diesen Job hier angeboten bekam, stand ich in den gleichen Stiefeln wie du heute. Ich würde diesen deinen Job nicht mehr machen wollen!" Ich reichte meine Pakete zu ihm über den Schalter und wünschte eine gute Nacht. Anschließend fuhr ich zum Parkplatz vor den Toren des Depots, wo mein Vater wieder auf mich wartete. Auf dem Heimweg erzählte ich meinem Herrn, was es doch für schlechte Menschen unter Gottes weitem Himmel geben würde. Sie logen, betrogen und demoralisierten dich, als wärst du der letzte Dreck auf Erden. Das erste Mal erlebte ich nun meinen Vater, dass er mir gespannt zuhörte und mich fragte, wo mein Problem liegen würde. Ich erzählte ihm von dem Erlebnis mit den Autorädern, dass mich ein Typ voll hatte reinlegen wollen. Mein Vater fragte mich, wie die Geschichte ausgegangen wäre. Ich sagte ihm, dass ich die Polizei hatte rufen und sein Haus auf den Kopf stellen hatte lassen wollen. Daraufhin hatte angeblich sein Sohn die Räder schon in die Garage gebracht. Mein Vater sagte: „Das war ein guter Schachzug von dir, ich hätte dir das nicht zugetraut. Trotzdem hätte ich die Polizei kommen lassen und noch vor Ort eine Anzeige wegen Betruges gemacht. Der hätte sich vor seiner gesamten Nachbarschaft unsterblich blamiert." Ich entgegnete ihm, dass ich dafür die gesamte Tourenauslieferung hätte vergessen können. Mein Vater meinte, dass ich auch noch im Nachhinein eine Anzeige erstatten könne. Ich antwortete: „Lass gut sein, ich glaube, der Typ hat heute etwas dazugelernt."

Mittlerweile waren wir zu Hause angekommen, nahmen das Abendbrot ein und ich ging auf dem direkten Weg in mein Bett.

Ich schlief wahrscheinlich sofort ein, denn als sich um vier Uhr der Wecker zu Wort meldete, war ich nicht mehr gerade so müde wie am Vortag. Und wieder begann das gleiche Spiel. Waschen, anziehen, etwas essen und ab auf die Maloche.

Punkt fünf Uhr rasselte das Band wieder vor sich hin mit den vielen Paketen. Die einzige Auffälligkeit an diesem Morgen war, dass der Bandleiter früher als sonst seine Runde machte. Einige Kollegen, die einige Meter von mir entfernt am Band standen, riefen dem Bandleiter hinterher, doch dieser ging zielbewusst auf meine Box los und stellte mich sofort zur Rede. „Ich habe eine massive Beschwerde über dich erhalten wegen des Umgangs mit einem Abholkunden ..." Ich sagte zu dem Bandleiter, dass ich das gleiche Recht in Anspruch genommen hätte wie der Herr Kunde selbst. Der Bandleiter sagte mir im scharfen Ton: „Unsere Kunden sind unsere Existenz."

Ich antwortete: „Und deshalb hat der Kunde das Recht, einen Zusteller in übelster Form zu beschimpfen und zu beleidigen?"

Der Bandleiter, vollkommen uninteressiert an meiner Ausführung, sagte, dass der Kunde auf eine schriftliche Entschuldigung warte. Ich sagte dem Bandleiter: „Darauf wartet der Herr Kunde, bis er schwarz wird, es sei denn, er bekommt von dir diese Entschuldigung."

Ich bekam nun eine hilflose Antwort des Bandleiters, dass er über mich Meldung mache. Ich antwortete, dass ich auch dann keine Entschuldigung schreiben würde.

„Außerdem", sprach der Bandleiter, „hast du die Tour gestern auch wieder vermasselt. An deiner Stelle würde ich das Maul nicht so groß aufreißen."

Gegen acht Uhr bekam ich dann noch Besuch von meinem Chef. Dieser stellte mir nun auch noch unangenehme Fragen, sodass ich kaum noch mit meiner Arbeit hinterherkam. Dieser wollte jetzt noch wissen, warum die Kunden nicht alle bedient würden. Ich sprach zu ihm: „Fahren Sie einen Tag mit mir auf Tour, dann stellen Sie mir diese Frage nie wieder."

Dieser gab nur knapp zur Antwort: „Dann kann ich ja gleich die Arbeit selber machen."

„Wenn der Stress so weitergeht, wird das auch bald der Fall sein", gab ich meinem Chef zu verstehen. „Das, was ich in den letzten paar Tagen erlebt habe, haben noch nicht allzu viele Menschen in diesem Lande mitgemacht."

Mein Chef merkte wohl, dass ich mit meinen Nerven ziemlich am Ende war, und sagte: „Wir treffen uns am Wochenende in meinem Büro."

Ich lud mein Auto und machte mich auf und davon. Zu meinem Glück bekam ich an diesem Morgen nicht so viele neue Pakete. Somit hatte ich die gleiche Menge an Paketen wie am Vortag. Trotz der Probleme, die sich wie ein Berg vor mir auftürmten, verlor ich nicht den Ehrgeiz, das Fahrzeug an diesem Tag endlich einmal leer zu bekommen. Ich nahm mir fest vor, mich von niemandem von meiner Arbeit abhalten zu lassen. Ich verließ das Depot und erreichte nach üblicher Anfahrtszeit mein tägliches Kampfgebiet. Gleich an der ersten Haustür kein Anzeichen von Leben. Ich verzichtete auf die Suche in der Nachbarschaft. Dabei war in den vergangenen Tagen nichts Vorteilhaftes herübergekommen. Infozettel raus, ausfüllen, scannen und in den Briefkasten damit. Und weiter ging die Fahrt zum Nächsten. Und siehe da, innerhalb der nächsten Stunden lief es wie ein Uhrwerk. Ein Kunde nach dem anderen verschwand von meinem Scanner. Kurz vor Mittag hatte ich dann doch noch ein Erlebnis der dritten Art. Als ich, wie gewohnt, an einer Haustür klingelte, wurde mir nicht geöffnet. Ich machte eine Info fertig und warf diese in den Postkasten. Auf dem Weg zum Fahrzeug hörte ich, dass ein Fenster aufgerissen wurde. Ich drehte mich um, weil ich dachte, da passiere etwas, und musste wieder einmal Schimpf und Schande über mich ergehen lassen. „Wieso gehst du nicht zum Nachbarn, wenn hier keiner aufmacht?"

Da ich schon ahnte, dass er der Empfänger des Paketes in meiner Hand war, antwortete ich ihm: „Ich muss mir nicht anhören, wie gerne dein Nachbar dich hat."

Er brüllte vom Fenster: „Ich komme runter, um das Scheißpaket zu holen."

In dem Moment, als das Fenster zuflog, ging ich weiter zum Transporter, stieg ein und fuhr weg. Ich war schon einige Meter weit gefahren, als ich meinen Schreihals im Rückspiegel an der Haustür sah. Dies war für mich eine Art Genugtuung für die Dreistigkeiten der letzten Tage.

Nach vier weiteren Abladestellen schrillte mein Handy. Eine männliche Stimme, den Namen habe ich nicht verstanden, sagte, sie habe eine Beschwerde eines Kunden, dass ich sein Paket nicht beim Nachbarn abgegeben hatte. Ich stellte dem Anrufer die Gegenfrage: „Woher weiß ein Paketempfänger, dass ich nicht beim Nachbarn war, ohne dass er mich gesehen hat?"

Der Anrufer erwiderte „Stimmt!" und legte auf.

Ich erinnerte mich an ein Erlebnis in meinem ersten Betrieb, wo mich der Geselle nach dem Frühstückseinkauf hereingelegt hatte und der Meister mir hinterher gesagt hatte: „Löse das Problem mit Hirn." An diesem Tag musste ich feststellen, dass dies funktioniert: „Du musst nur etwas cleverer und kaltschnäuziger sein als dein Gegenüber!"

Ich machte weiter mit meinem ehrgeizigen Ziel, alle Kunden zu bedienen. Gegen 17:30 Uhr war es auch wahrhaftig geschafft, ich hatte alle Kunden beliefert bis auf die wenigen, die entweder wirklich nicht zu Hause waren oder einfach zu faul waren, an die Tür zu gehen. Doch, oh Schreck, ich hatte in meinem Jagdfieber meinen ersten und schlimmsten Abholer des Tages schon wieder zeitlich versetzt. Auf die Standpauke war ich gespannt.

Als ich an der Warenannahme vorfuhr, stand die Tür schon offen. Ich stieg aus und rechnete mit dem Schlimmsten. Doch statt des Gesprächspartners der letzten Tage stand ein Lehrjunge in der Tür und grüßte mich freundlich. Ich fiel aus allen Wolken, hatte der Herr Chef heute Schiss in der Hose? Ich fragte erst gar nicht und ließ mir vom Stift die Pakete ins Auto reichen.

Auch die nächsten Abholer hatte ich gleich eingeladen und den Rückzug zum Depot angetreten. Dort angekommen, wurde ich in meinem Höhenflug wieder ausgebremst. Eine endlose

Schlange stand zwischen mir und der Verladerampe, wo ich die Abholpakete abladen musste. Als ich endlich an die Reihe kam, war es bereits 19:25 Uhr. Wie es der Zufall wollte, stand der Typ, der mich am Tag zuvor angemacht hatte, auf der Nachbarrampe. Unsere Blicke kreuzten sich, und mir fuhr es aus dem Mund: „Bist du heute zu müde, um rumzuschreien, oder hast du Angst, weil noch zu viele Kollegen von mir aufs Abladen warten müssen? Das nächste Mal hältst du besser deine große Schnauze, sonst hole ich dich vor deinen Kollegen hier runter aufs Hofpflaster und zeige denen mal, was du draufhast."

Ich lud meine Pakete ab und fuhr wie jeden Tag zum Schalter, um die übrig gebliebenen Pakete abzugeben. Der Typ hinterm Schalter lachte schon laut und sagte zu einem Kollegen: „Harry, hol mal den Wagen, jetzt kommen viele Pakete!" Als ich nach fünf Paketen aufhörte, fragte der Schaltertyp: „Und wo ist der Rest?"

Ich antwortete: „Die nehme ich mit nach Hause, die stelle ich ins Internet, damit ich auch mal zu Geld komme!"

Ich machte mich so schnell wie möglich auf den Weg zum Parkplatz, wo mein alter Herr schon wieder auf mich wartete. Ins Auto eingestiegen, erzählte ich meinem Vater, dass ich heute das erste Mal die Tour zu Ende gefahren hatte und einige Großmäuler zum Schweigen gebracht hatte. Dieser entgegnete nüchtern: „Ja, ja, aber die vielen Stunden am Tag werden davon auch nicht weniger. Weiterhin", sagte mein Vater, „habe ich mich während deiner Arbeitszeit umgesehen und umgehört. Ich hätte eine Arbeitsstelle in unserem regionalen Zeitungsverlag als Nachtfahrer. Da brauchst du nur Zeitungen auszuliefern. Die Arbeitszeit wäre von 23 Uhr bis fünf Uhr in der Früh, allerdings von Sonntagabend bis Samstagmorgen. Das sind sechs Arbeitstage mit circa 37 Arbeitsstunden in der Woche und keine 75 Stunden wie beim Paketdienst. Obendrein bekommst du hier noch Nachtzuschläge. Denke darüber nach", sagte er, „aber nicht allzu lange, dieses ist eine Insiderinformation. Wenn diese publik wird, ist die Stelle sofort weg, denn sie ist heiß begehrt." Ich versprach meinem Vater mir Gedanken zu machen.

Am nächsten Morgen, kaum ausgeschlafen, fragte ich meinen Vater, wann ich mich da vorstellen könnte. Er sagte: „Du brauchst nur Ja zu sagen und du hast den Job ab dem Ersten des nächsten Monats. Ich sehe da nur ein Problem mit dir: Wie kommst du von der jetzigen Stelle los? Du hast ja eine Kündigungszeit einzuhalten."

„Am Wochenende habe ich einen Gesprächstermin mit meinem Chef", sinnierte ich. „Ich werde mit ihm über eine möglichst schnelle Trennung reden."

Mein Vater sprach: „Wenn dein Chef keinen Fahrer in der Hinterhand hat, und das vermute ich auch, dann musst du die Kündigungszeit einhalten."

Ich beruhigte meinen Vater und vertröstete ihn bis zum Wochenende. „Da wir bereits Freitag haben", sagte ich, „sehe ich kein Problem, das bis morgen hinzukriegen."

Mein Vater fuhr mich nach dem gemeinsamen Frühstück, das meine Mutter wie immer liebevoll am Vorabend vorbereitet hatte, zur Schicht. Mein Schlachtplan für diesen Tag stand bereits fest. Punkt fünf Uhr begann das Band wieder im altgewohnten Rhythmus anzulaufen. Ich hob meine Pakete ab, scannte sie, stellte sie in meine Box und harrte der Dinge. Zur gewohnten Zeit zog auch der Bandleiter (Sklaventreiber) seine Bahn entlang des Förderbandes. Als er auf meine Höhe kam, erwartete ich eine Belobigung von ihm. Beim rechten Kollegen blieb er stehen und sprach mit diesem über irgendein Problem. Seinen Frust beim Kollegen abgeladen, ging dieser Typ an mir vorbei, als wäre ich überhaupt nicht anwesend. Zuerst war ich sauer, doch kurz darauf dachte ich mir: „Besser so, sonst hätte er vielleicht doch noch irgendwas Negatives über mich zu erzählen gehabt."

Kurz nach acht Uhr waren bereits alle Pakete übers Band gelaufen. Dies war nicht so ganz nach meinem Plan, ich wollte heute richtig viele Pakete an Bord haben. Aber kein Problem, mein Plan würde auch so gelingen. An diesem Tag würde ich allen Kunden nach ihren persönlichen Wünschen gerecht werden. Bereits im ersten Ort, von mir Schlaraffenland genannt, würde ich meinem Ziel schnell entgegengehen.

Erster Kunde ausnahmsweise heute schon wach! Ich begrüßte ihn und sagte, dass die bestellte Million in kleinen Scheinen angekommen wäre. Er unterschrieb auf dem Scanner mit dem Kommentar: „Wenn ein Scheinchen von der Million fehlt, beschwere ich mich bei Ihrem Chef."

Ich sagte lachend: „Ich bestehe darauf, denn ich muss Ihnen das fehlende Geld nachliefern, ich habe ja genug von dem Zeugs im Keller rumfliegen." Ich verabschiedete mich, fuhr streng nach StVO weiter zu den nächsten meiner erwartungsvollen Kunden.

Bis zum späten Nachmittag gegen 17 Uhr trieb ich das Spiel so weiter und begann dann bei meinem Lieblingsabholer. Dieser hatte sich wahrscheinlich noch immer nicht erholt von unserer letzten Debatte, denn schon wieder musste der Stift herhalten, obwohl ich heute pünktlich war. Wir verluden die Pakete und beim Abschied sagte der Stift noch, er solle mir ausrichten, dass sie ab nächster Woche bis 18 Uhr geöffnet hätten. Ich wünschte ihm einen schönen Feierabend und richtete einen schönen Gruß an seinen Chef aus.

Bei den nächsten Abholern verweilte ich auch noch eine Zeit, bis ich alle Pakete ins Fahrzeug verladen hatte. Gemütlich trat ich die Heimreise an. Auf der Autobahn ließ ich den Scanner durchlaufen, um festzustellen, wie viele Kunden ich heute schon wieder enttäuscht hatte. Es wurden über 20, die ich heute nicht beglückt hatte, die ich aber eigentlich hätte schaffen können. Mein Plan ging auf, ich war nicht geeignet für diesen leichten Job. Im Depot eingelaufen, sah ich das gleiche Dilemma wie am Vortag. Ich stand schon wieder in der Riesenschlange von Lkws, die alle nur noch ein Ziel hatten: So schnell wie möglich an das verfluchte Band zum Abladen zu kommen. Wiederum wurde es so spät wie am Vortag, und mein Vater wartete schon wieder nervös auf dem Parkplatz auf mich. Ich hatte meine letzten Arbeitsschritte erledigt und fuhr zum Parkplatz, stellte den Lkw ab und stieg zu meinem Vater ins Auto. Dieser wollte gleich wissen, ob das mit der neuen Stelle klarging, er müsse dort schnellstmöglich eine Zu- oder Absage abgeben. Ich sagte zu meinem Vater: „Ich habe heute dafür gesorgt, dass der Unternehmer mich unmöglich länger beschäftigen kann.“ Mein Vater fragte, wie ich das wohl gemacht hätte. Ich antwortete, dass ich heute streng nach Vorschrift und nach dem Begehren der Kundschaft gehandelt hätte. Mein Vater wollte von mir eine präzisere Beschreibung haben. Ich erklärte ihm, dass der Paketdienst schnelle und effiziente Zustellung verlangte, der Kunde allerdings beim Zustellen des Paketes unterhalten werden wolle. Ich hätte heute beides miteinander verknüpft und festgestellt, dass der Kunde wirklich der König war. Ich hätte in der letzten Zeit erkennen müssen, dass die Kunden mit niedrigem oder überhaupt keinem Ausbildungsstand das größte Begehren hatten, ihre heruntergekommene Persönlichkeit in den Vordergrund zu schieben. Diese versuchten auf primitivste und von Arroganz geprägte Art und Weise einen Zusteller, den sie noch unter ihrer asozialen Linie einreihten, mit ihrem kargen Wortschatz zu demoralisieren und zu betrügen. Solche Zeitgenossen verschwendeten ihre überflüssige Zeit wohl nur noch für ein Ziel: „Ich hab im Leben selber nichts gebracht, dafür werden andere heut zur Sau gemacht!“ Auf Kontakte mit solchen Lebewesen, die sich Mensch nannten, aber näher unserer Abstammung, dem Affen waren, konnte sogar ein Zusteller verzichten. Meine schlechte Tagesleistung würde ja sehr wahrscheinlich auch dem Chef mitgeteilt. Wenn ich nun alles von der vergangenen Woche zusammenrechnete, müsste doch mein Chef ein Idiot sein, mich weiter zu beschäftigen. Sollte er wirklich ein Idiot sein, hätte ich noch einen Plan B. Es waren noch acht Tage bis zum Beginn der neuen Arbeit. Ich könnte am Montagmorgen zum Arzt gehen und mir eine Krankmeldung für die nächste Woche ausstellen lassen. Einen Grund hätte ich ja: nervliche und körperliche Überanstrengung. Ich sagte zu meinem Vater: „Lass mich erst mal das Gespräch am Wochenende mit meinem Chef führen, danach kann ich einen neuen Schlachtplan erstellen.“

Der nächste Morgen kam. Gegen zehn Uhr hatte ich den Termin mit meinem Chef. An seinem Büro angekommen, war dieser noch nicht da. Ich überlegte mir nun, ob dieses zu seiner Taktik gehörte oder ob er dienstlich verhindert war. Ich zückte mein

Handy und wählte die Nummer, die er mir zu Beginn meiner Arbeit mitgeteilt hatte. Ich hörte nur die Mailbox. Ratlos rief ich meinen Vater an und schilderte ihm meine Lage. Dieser sagte: „Junge, komm nach Hause, dein Chef hat seine Chance verpasst.“ Wie gekommen, mit dem Bus, fuhr ich wieder zurück nach Hause.

Dort angekommen, erwartete mich bereits mein Vater, der sich nun nicht mehr sicher war, ob ich die neue Arbeitsstelle noch antreten könne. Ich sagte ihm: „Wenn mein Chef es nicht für nötig hält sich mit mir über meine Probleme zu unterhalten, habe ich gewiss keinen Bock mehr weiterhin für ihn die Kohle anzuhäufen. Ich werde am Montagmorgen zum Hausarzt gehen und mir einen gelben „Urlaubsschein“ holen. Bei diesem Job, mit so vielen schweren Paketen, muss ein Krankenschein wegen Rückenschmerzen drin sein.“ Ich freute mich schon darauf, am Montagmorgen länger schlafen zu können.

Am Sonntagabend hatte ich schon Mal dem Wecker den Hals umgedreht. Doch hatte ich wohl die Rechnung ohne den Wirt gemacht. Am Montagmorgen Punkt fünf Uhr riss mich nicht mein Wecker aus dem Schlaf, sondern mein Handy. An diesen Quälgeist hatte ich nicht gedacht. Ich schreckte hoch und schaute auf das Display. Es war eine Nummer aus dem Hause des Paketdienstes. Ich nahm das Gespräch an und wurde barsch angemacht: „Wo bleibst du? Es ist bereits fünf Uhr vorbei und du bist nicht an deinem Arbeitsplatz. Ich gebe dir eine Viertelstunde, dann bist du hier.“ Das war die Stimme meines Herrn, des Bandleiters, sprich Sklaventreibers.

Ich antwortete: „Ich weiß, wann ich Dienstbeginn habe, das brauchst du mir nicht zu sagen.“

Er fiel mir ins Wort und schrie: „Halt drauf, ich will dich gleich hier sehen.“

Ich blieb immer noch ruhig und erwiderte: „Auf mich kannst du heute lange warten. Ich habe heute nur noch einen Termin, und der ist beim Arzt.“

Sofort kam die Gegenfrage: „Was fehlt dir denn schon, du bist doch nur zu faul, um zu arbeiten, oder hast du gestern Abend zu viel gesoffen? Wer abends saufen kann, der kann auch morgens arbeiten", zischte er, „also halt drauf."

Nun schrie ich kurz ins Handy: „Bist du taub?", und legte auf.

Das war wohl das Ende mit Ausschlafen am Montagmorgen. Ich schob das Handy zur Seite und legte mich erneut zurück in mein Bett. Doch kaum den Kopf im Kissen schrillte schon wieder mein Handy. Ich schaute abermals aufs Display und war erstaunt: Mein bereits von mir für tot erklärter Chef lebte doch noch und hatte plötzlich Sehnsucht nach mir. In diesem Moment erinnerte ich mich an den Samstagvormittag und den Termin mit ihm. Er hatte mich eiskalt stehen lassen und nun kam die Retourkutsche. Das Handy klingelte und klingelte, bis auf einmal mein Vater in meinem Zimmer erschien und fragte, was hier abging. Ich sagte, dass mein Chef großes Verlangen nach mir hatte, so wie ich am Samstagvormittag nach ihm. Nach gefühlten 30 Minuten hörte das Handy auf zu klingeln, mein Vater setzte sich auf meine Bettkante und sprach: „Junge, nun weiß ich, dass du es ernst meinst mit der Arbeitsstelle, die ich dir besorgt habe."

Ich bejahte und bedankte mich für seine Aufopferung. „Bisher war ich der Meinung, dass du gegen mich bist, doch nach dieser Aktion mit der neuen Arbeitsstelle muss ich mich bei dir entschuldigen."

Mein Vater entgegnete nur: „Du hast einen großen Fehler gemacht, dass du keine Lehre begonnen hast, aber du bist doch immer noch unser Kind. Besonders deiner Mutter, die dich unter Schmerzen geboren hat, geht deine soziale Entwicklung nahe. Sie hat berechtigte Angst, dass du in diesem hochtechnisierten Leben untergehst." Ich räumte kleinlaut ein, dass ich mittlerweile auch der Meinung wäre, dass ich in meinem jugendlichen Stolz wohl falsch reagiert hatte. Mein Vater sagte sichtlich erleichtert: „Einsicht ist der erste Schritt zur Besserung!"

Nachdem wir uns über eine Stunde auf meinem Bett unterhalten hatten, fragte mein Vater, wie spät es wäre. Ich sagte ihm, dass es bereits 6:30 Uhr geworden war. Er sprang auf und sagte: „Ich muss ja noch auf die Arbeit gehen." Während er durch mein Zimmer Richtung Tür lief, bedankte ich mich bei ihm für dieses

Männergespräch und sagte, dass ich wohl die besten Eltern der Welt hätte. Mein Vater drehte sich noch einmal um und sprach: „Deine Mutter und ich wollen nur dein Bestes, denke immer an diese Botschaft!“, und er verließ mein Zimmer. In diesem Moment fielen mir die Schuppen von meinen Augen und ich begriff jetzt erst, was es hieß, elterliche Verpflichtungen erfüllen zu müssen. Ich schwor mir selbst, meinen Eltern keinen Kummer mehr bereiten zu wollen.

Gegen sieben Uhr ging ich ins Bad, um mich für den Arztbesuch fertig zu machen. Während der Morgentoilette klopfte es an der Badezimmertür. Meine Mutter öffnete, begrüßte mich und sagte: „Dein Handy klingelt anhaltend.“ Ich antwortete, dass ich diesen Anrufer kannte und ich kein Interesse hatte, mich mit diesem zu unterhalten. Meine Mutter fragte mich, ob es mein Chef wäre, der den ganzen Morgen versucht hatte anzurufen. Ich sagte nur: „Entweder ist er es oder der Bandleiter vom Paketdienst. Für beide bin ich nicht mehr zu sprechen.“ Meine Mutter wirkte besorgt und fragte mich, ob ich auch das Richtige tun würde. „Gleiches Recht für alle“, sagte ich. „Mein Chef interessiert sich nur für meine Leistung, aber nicht für meine Probleme. Ich habe keine Lust mich einem Sklaventreiber zu unterwerfen, nur weil ich keinen Beruf erlernt habe.“ Meine Mutter sagte, dass es schwierig wäre, in der heutigen Zeit ohne eine Berufsausbildung einen Job zu finden, in dem man als Mensch anerkannt werde. „Du wirst immer der Loser bleiben.“

Ich sagte zu meiner Mutter: „Du gehst doch auch keiner Arbeit nach.“

Diese sprach: „Ich habe trotzdem einen Beruf erlernt, ich übe ihn nur nicht aus. Dein Vater ist mit seinem Einkommen in der Lage, die Familie alleine zu ernähren. Zu der Zeit, als wir dich als Geschenk des Himmels bekommen haben, bestimmte dein Vater, dass ich für dein Wachstum und für deine Zukunft zuständig wäre und er für das notwendige Kapital sorgen würde. Dieses hat auch bis heute so funktioniert. Sollte es aber ein finanzielles Problem geben, könnte ich immer noch durch meinen Beruf zur finanziellen Lage beisteuern.“

Da ich bisher nichts über die Ausbildung meiner Mutter wusste, weil es mich auch nie interessiert hatte, fragte ich sie, was sie gelernt hätte.

„Ich habe den gleichen Beruf erlernt wie dein Vater“, berichtete sie, „und ich habe bis kurz vor deiner Geburt auch in diesem Beruf mitgearbeitet.“

Ich sagte meiner Mutter: „Das hätte ich früher wissen müssen!“

Meine Mutter sagte nur: „Ich glaube nicht, dass dich das früher beeinflusst hätte, anders zu handeln, als du es getan hast.“

Ich erzählte ihr, dass ich mit Vater schon eine Aussprache an meinem Bett gehabt hatte und dass ich mir bewusst wurde, dass ich bis zu diesem Tag nur eine Enttäuschung für sie beide gewesen war.

Meine Mutter verneinte meine Aussage und sprach: „Der eine braucht halt etwas länger als der andere, um herauszufinden, was das heutige Leben von einem abverlangt, um in dieser Gesellschaft zu bestehen. Es ist nicht immer leicht, das Leben zu meistern, aber es gehört eine fundierte Berufsausbildung dazu.“

Mittlerweile war es sieben Uhr geworden und ich musste mich für den Arztbesuch fertig machen. Kurz vor acht Uhr verabschiedete ich mich von meiner Mutter und machte mich auf den Weg. Meine Mutter wünschte mir beim Hinausgehen viel Glück. Ich sagte nur: „Es wird schon werden“ und bedankte mich bei ihr für die offenen Worte.

Beim Arzt angekommen, war ich schon wieder der Verlierer, es waren schon wieder einige vor mir. Als ich endlich nach Stunden an die Reihe kam, fragte mich der Doktor, wo es mir fehlen würde. Ich sagte, dass ich starke Rückenschmerzen hätte. Prompt kam die ärztliche Antwort, dass dies in meinem Alter sehr ungewöhnlich wäre. Er fragte mich: „Gibt es eine begründete Ursache, woher die Schmerzen kommen könnten?“ Ich gab zur Antwort, dass ich bei einem Paketdienst arbeiten würde und dort überschwere Pakete bewegen müsste. Als mir der Doktor den Namen des Unternehmens nannte, fragte ich ihn, ob er auch schon einmal dort gearbeitet hätte. Er lachte laut und sagte: „Gottlob nein, aber ich hatte in der letzten Zeit schon einige deiner Kollegen hier in der Praxis, alle mit den gleichen Symptomen.“ Er fragte mich anschließend nur noch: „Wie lange?“ Ich verstand die Frage nicht und fragte zurück, was er nun von mir hören wollte. Er meinte lächelnd, wie lange ich einen Krankenschein brauchen würde, um wieder fit sein zu können. Ich überlegte nicht lange und sagte: „Ich denke, dass ich in zwei Wochen wieder fit sein werde, aber nicht die Absicht habe, diese Arbeit wieder aufzunehmen.“ Der Doktor fragte mich, ob ich einen anderen Job in Aussicht hätte. Ich erzählte ihm, dass mein Vater mir einen leichteren Job besorgt habe. Bei der jetzigen Arbeit hätte ich, aus zeitlichen Gründen, nicht einmal die Möglichkeit, mich um eine andere Arbeit zu bemühen. Dann kam wieder die berühmte Frage, dieses Mal von meinem Hausarzt: „Hast du denn keinen Beruf erlernt, dass du diese Sklavenarbeit machen musst?“ Ich antwortete „Nein“, erklärte ihm aber, dass dies wohl der größte Fehler meines Lebens gewesen war und dass ich mit meinen Eltern bereits darüber gesprochen hätte. Ich wollte nach der Schule direkt viel Geld verdienen. Abermals lachte der Doktor und sagte: „Wenn das so einfach wäre, hätte ich auch nur den Hauptschulabschluss gemacht und dann drauflos gearbeitet.“ Doch dann wurde er plötzlich todernst und fragte mich, ob es stimmen würde, dass man Pakete von über 30 Kilo vom Lkw auf eine Höhe von über einem Meter auf ein Förderband stemmen müsste. Ich wollte wissen, woher er das wüsste. „Von deinen Vorgängern, die hier ebenfalls mit Rückenschmerzen aufgetaucht sind“, antwortete dieser. „Eigentlich müsste man solche Firmen anklagen, da diese Machenschaften nicht unserem Arbeitsrecht entsprechen. Stimmt es“, bohrte der Doktor weiter, „dass auch Frauen diesen Job machen?“

„Ja, und es werden immer mehr, die sich auf diese menschenunwürdige Arbeit einlassen, nur weil sie nicht wissen, was auf sie zukommt. Ich habe selbst einige Frauen beim Abladen des Fahrzeuges an dem angesprochenen Band erlebt. Sie haben gestöhnt und geflucht über diese unmenschliche Anstrengung. Auf der Verladerampe stehen Ladehilfen herum, die sich dieses Gestöhne anhören und statt zu helfen sich über die Situation noch lustig machen. Ich bin selbst schon nach meinem Abladen auf andere Fahrzeuge gesprungen, um Frauen zu helfen. Und Ergebnis dieser Hilfeleistung ist mein heutiger Besuch hier bei Ihnen in der Praxis!“ Der Arzt stellte mir den Krankenschein aus und wünschte mir auf der neuen Arbeit viel Glück. „Deinem Vater sei Dank, dass er dir einen leichteren Job besorgt hat und so Folgeschäden für deinen Körper abweisen kann, denn bei der Weiterführung dieser Arbeit wärest du in ein paar Jahren ein Schrottpatient in meiner Praxis.“ Ich bedankte mich für sein Verständnis meiner misslichen Lage, verließ die Praxis mit dem ersehnten „gelben Urlaubsschein“ in der Hand und ging nach Hause, wo meine Mutter mich schon erwartungsvoll empfing.

Ich hielt den Krankenschein hoch in der Hand, als ich mein Elternhaus betrat. Meine Mutter empfing mich überglücklich mit den Worten: „Gott sei Dank, dass du nun die Möglichkeit hast, in ein einfacheres Leben zu starten!“ Ich fiel meiner Mutter in die Arme und versprach ihr, dass ich mein Leben nun zu ihrer Zufriedenheit gestalten wollte. Ich sagte ihr, dass ich vielleicht doch noch eine Lehre als Kfz-Mechatroniker anfangen könnte. Meine Mutter fragte mich, wie ich plötzlich auf diesen Gedanken käme. Ich erzählte ihr von dem Kollegen, den ich beim Paketdienst kennengelernt hatte, der diesen Beruf erlernt hatte, aber sich, wie ich, für den falschen Job danach entschieden hatte. Meine Mutter sagte: „Mach nun erst mal den Job, für den sich dein Vater mit viel Herzblut eingesetzt hat.“

Ich antwortete: „Ja, mach ich, aber ich habe erkannt, dass man ohne Berufsausbildung nur eine Null ist und von der Gesellschaft als solches behandelt wird. Ich werde mich um eine Berufsausbildung nun selber bemühen.“

Meine Mutter lobte diese plötzliche Einstellung von mir, riet mir aber: „Lass deinen Vater daran teilhaben, der kann dir dabei sehr gut helfen.“ Dann fragte sie mich: „Möchtest du nicht doch lieber einen kaufmännischen Beruf wählen, dann sitzt du immer in einem klimatisierten Büro und machst dich nicht dreckig?“

Ich sagte Nein: „Wenn ein Beruf, dann muss es etwas Technisches sein. Da ich mich schon immer für Autos interessiert habe, möchte ich lernen, wie ein Auto funktioniert.“

Meine Mutter sah dieses ein und sagte: „Wenn du daran ernsthaft interessiert bist und die Ausbildung durchziehst, steht deiner Zukunft nichts mehr im Wege. Danach hast du auch Aufstiegsmöglichkeiten in alle Richtungen!"

Während ich mich mit meiner Mutter unterhielt, klingelte mein Handy. An der Nummer sah ich, dass mein Chef schon wieder versuchte, mich zu erreichen. Meine Mutter nahm mir das Handy aus der Hand und nahm das Gespräch entgegen. Sie erklärte dem Anrufer, dass ich krank gemeldet wäre und diese Arbeit auch nicht mehr antreten könnte. Nach einigen Minuten der Debatte beendete meine Mutter das Gespräch mit meinem Chef und sagte: „Der Mensch ist ja noch schlimmer, als du ihn mir beschrieben hast. Er verlangt, dass du sofort zur Arbeit kommst, dass er diese Faulenzertricks schon lange kennt und keine fingierten Krankenscheine von bestochenen Ärzten akzeptiert. ‚Wenn er nicht sofort zur Arbeit erscheint, ist er fristlos entlassen', das waren seine Worte."

Ich sagte zu meiner Mutter: „Hoffentlich geht er diesen Schritt."

Ansonsten genoss ich den Rest des Tages, bis mein Vater von seiner Arbeit kam. Zu einer für mich ungewöhnlichen Zeit kam er gegen 17:30 Uhr nach Hause. Genauso überrascht war dieser, dass er mich noch zu Hause vorfand. Er fragte mich, ob ich heute meiner Pflicht nicht nachgekommen wäre. Ich antwortete, dass ich seinem Begehren nachgekommen wäre und mir einen „ärztlichen Urlaubsschein" besorgt hätte. Mein Vater fragte mich, ob ich den Krankenschein schon auf den Weg zum Chef gebracht hätte. Ich sagte: „Nein, das will ich morgen besorgen." Mein Vater fragte mich nach dem Zettel. Ich nahm ihn aus meinem Zimmer und zeigte ihm denselben. Er nahm ihn mir aus der Hand und verschwand in seinem Arbeitszimmer. Kurz darauf kam er mit zwei Attesten in der Hand zurück und sagte zu mir: „Stecke das Original in ein Kuvert und versehe es mit der Adresse deines Chefs." Ich verschwand in meinem Zimmer und erledigte den Auftrag meines alten Herrn direkt. Als ich zurückkam, überreichte mir mein Vater eine Briefmarke und sagte: „Mach den Brief versandfertig, der muss noch heute zur

Post!“ Nachdem ich ihm Vollzug gemeldet hatte, sagte mein Vater zur Mutter: „Wir sind bis zum Abendbrot zurück. Wir fahren nur noch zur Poststelle, um den Brief aufzugeben.“ Ich wunderte mich, warum mein Vater mich zur Poststelle brachte, da es nur ein paar Meter bis dahin waren.

Ins Auto meines Vaters eingestiegen, fragte ich ihn, warum er mich zur Poststelle fahren würde, ich hätte diese kurze Distanz auch zu Fuß zurücklegen können. Auf dem Hin- und Rückweg erklärte er mir, dass ich während einer Krankschreibung keine neue Arbeit anfangen dürfte. Über diese Aussage meines Vaters war ich nun ratlos und ich wollte von ihm wissen, was ich nun machen sollte. Er erklärte mir: „Mach dir keinen Kopf, ich werde das morgen regeln, aber rede nicht mit deiner Mutter über diese Angelegenheit, die würde das, was ich vorhabe, nicht für korrekt ansehen.“ Ich fragte meinen Vater, was er denn mit mir vorhätte. Er sagte: „Ich werde bei dem Zeitungsbetrieb anrufen und fragen, ob du sofort auf der angebotenen Tour kostenlos mitfahren kannst. Dann kann dir keiner einen Vorwurf machen, dass du trotz Krankschreibung arbeitest. Du darfst aber niemandem erzählen, dass du krank geschrieben bist.“ Ich sagte zu meinem Vater, dass ich ihn bewunderte für seine Cleverness. Er antwortete nur: „Ich kann mir nicht länger ansehen, dass unser Sohn nur für eine Drecksarbeit gut sein soll und dies noch total unterbezahlt.“ Ich erzählte ihm, dass ich bereits Mutter gegenüber versprochen hätte, doch noch eine Lehre zu machen. Mein Vater sagte, dass es hierzu nie zu spät wäre.

Als wir wieder zu Hause waren, wollte meine Mutter selbstverständlich über alles informiert werden. Selbst beim Abendbrot bohrte sie weiter, um eine Antwort zu bekommen. Mein Vater sagte ihr, dass bis jetzt alles zur Zufriedenheit verlaufen würde.

Nach dem Abendbrot verzog ich mich in mein Zimmer, um nicht doch noch meiner wissbegierigen Mutter Rede und Antwort stehen zu müssen. Auch am nächsten Morgen machte ich einen auf Langschläfer. Ich stand erst gegen zehn Uhr auf und verschwand sofort ins Bad. Als ich dieses wieder verließ, begegnete mir rein zufällig meine Mutter und fragte mich, ob ich frühstücken wollte. Ich wusste, dass sie dies nur arrangierte, um mich während des Frühstücks auszuhorchen. Ich lehnte ab und sagte, dass ich dringend noch etwas erledigen müsste. Innerlich spürte ich, dass sich meine Mutter unwohl fühlte. Die Ungewissheit machte ihr psychisch starke Probleme. Doch ich musste hart bleiben, da ich es meinem Vater versprochen hatte. Ich verabschiedete mich von Mutter und verließ das Haus.

Erst außer Sichtweite zum Elternhaus setzte ich mich auf einen Stein in einem Freigelände und überlegte mir, was ich nun mit dem Tag anfangen könnte. Doch kaum hatte ich angefangen zu überlegen, hörte ich jemanden meinen Namen rufen. Ich drehte mich in die Richtung der Schallquelle und entdeckte einen alten Kumpel, den ich seit langer Zeit nicht mehr gesehen hatte. Er kam zu mir und fragte: „Wo bist du die ganze Zeit gewesen? Man bekommt dich nicht mehr zu sehen." Wir setzten uns auf eine in der Nähe stehende Bank und ich erzählte ihm, was ich in der letzten Zeit so erlebt hatte. Mein Kumpel, der übrigens einen Beruf erlernt hatte, sagte, das wäre doch Sklavenarbeit in höchster Perversion und sittenwidrig noch dazu. Weiterhin meinte er, das sollte man einmal in schriftlicher Form der Berufsgenossenschaft und einer Gewerkschaft zukommen lassen. Sein Urgroßvater hätte noch solche Ausbeuterei im 19. Jahrhundert miterlebt. Dies wäre doch in unserer heutigen Zeit undenkbar und nicht akzeptabel. Ich antwortete ihm, dass ich dabei wäre, einen anderen Job anzufangen. Mein Kumpel sagte: „Schön für dich, aber was passiert mit deinen Kollegen?" Ich gab ihm zu verstehen, dass mich dieses wenig interessieren würde. Doch mein Kumpel ließ nicht locker und fragte: „Gibt es denn keine Gewerkschaft für diese Gruppierung von Mitarbeitern?" Ich sagte ihm, dass ich darüber nicht informiert wäre, aber nicht daran glaubte, denn sonst gäbe es nicht diese haltlosen Zustände. Er bohrte sichtlich erregt weiter und fragte: „Was verdient man denn bei dieser Arbeit mit weit über 300 Stunden im Monat?"

Ich gab ihm zur Antwort: „1.500 Euro netto."

Daraufhin nahm er sein Handy und hackte darauf herum. Nach kurzer Zeit sagte er: „Wenn ich 300 Stunden im Monat arbeiten würde, müsste mein Chef mir über 3.000 Euro netto ausbezahlen."

Ich schluckte bei dieser Aussage und erklärte: „Für mich sind 1.500 Euro viel Geld."

Mein Kumpel fiel mir ins Wort: „Wie willst du in unserer heutigen Zeit mit diesem Kleingeld eine Familie ernähren? Geh einmal mit 100 Euro in der Tasche in den Supermarkt einkaufen. Du brauchst dafür noch nicht einmal einen Einkaufswagen mit in den Markt zu nehmen. Noch streckst du die Füße unter den Tisch deiner Eltern, oder hast du schon eine eigene Wohnung?" Ich verneinte und gab zu verstehen, dass dieses auch unmöglich wäre. Er sagte nur: „Du lebst also noch in Mamas Hotel. Junge, stell dir mal vor, du triffst die Liebe deines Lebens. Was hast du deiner großen Liebe dann zu bieten, denn sie möchte bestimmt nicht in dein Elternhaus einziehen. Sie wird auf eine eigene Behausung bestehen, die du ihr nicht bieten kannst. Das Ende vom Lied wird sein, dass deine Zukünftige schon Vergangenheit ist!" Ich sagte ihm wieder, dass ich einen neuen Job anfangen würde. Jetzt fragte er, was das für eine Arbeit sein sollte. Ich sagte ihm, dass mein Vater mir einen Job bei der lokalen Presse besorgt hätte und ich auf eine Antwort warten würde, wann ich dort anfangen könnte. Mein Kumpel meinte nur: „Dann sei deinem Vater dafür dankbar, wenn du diesen Job antreten darfst, denn dort wirst du wohl kaum auf eine 14- bis 15-Stunden-Schicht kommen."

Ich sagte ihm: „Nein, da werde ich im höchsten Falle sechs Stunden arbeiten. Es ist allerdings eine Nachtschicht, und das sechsmal die Woche."

Mein Kumpel meinte: „Das ist ja wohl der beste Job, den ein Ungelernter je erreichen kann."

Ich entgegnete, dass ich dies wohl den guten Beziehungen meines Vaters zu verdanken hätte. „Ich bereue, dass ich nicht, wie er, eine anständige Lehre gemacht habe", gab ich zu verstehen.

Er sagte nur: „Dazu ist es noch nicht zu spät."

Mitten im Gespräch klingelte mein Handy. Anhand der Nummer erkannte ich, dass mein Vater mich anrief. Ich nahm das Gespräch an und hörte ihn sagen, dass ich schon in der kommenden Nacht auf der neuen Arbeit mitfahren könne. Ich sagte vollkommen euphorisch: „Ja, Vater, dem steht nichts im Wege!"

Mein Vater erklärte: „Dann sorge dafür, dass du heute Nacht um 23 Uhr ausgeschlafen zum Dienst erscheinst!" Ich bedankte mich bei ihm und versprach, dass ich zu dem neuen Job bereit sein würde. Ich beendete das Gespräch und sagte zu meinem Kumpel, dass ich bereits diese Nacht auf der neuen Arbeit anfangen könnte. Dann verabschiedeten wir uns voneinander und ich machte mich auf den Nachhauseweg, um mich für die Nachtschicht vorzubereiten.

Zu Hause angekommen, erwartete mich schon meine Mutter, die mich mit der Frage quälte: „Wie geht es mit dir jetzt weiter?" Ich ließ nun, nachdem ihre Fragerei kein Ende nahm, die Katze aus dem Sack, und berichtete ihr von dem Schlachtplan des Vaters, dass ich zwar krank geschrieben wäre, aber ab heute Nacht mir meinen neuen Job ansehen könnte. Meine Mutter sagte mir, dass diese Art und Weise nicht legal wäre und sie darüber mit Vater sprechen müsse. Ich erwiderte, dass ich Vater fest versprochen hätte, mit ihr nicht hierüber zu reden. Sie antwortete, dass sie sich hintergangen fühlte, doch ich beruhigte sie, indem ich ihr erklärte, dass ich keine andere Arbeit angenommen hätte, sondern nur unangemeldet als Beifahrer mitfahren würde. Meine Mutter fiel mir ins Wort und sagte, ob ich denn wüsste, dass ich bei einer unangemeldeten Mitfahrt nicht versichert wäre. Ich gab ihr die Antwort, dass man auch mal was riskieren müsse, wenn man weiterkommen wollte. Meine Mutter hatte immer noch eine skeptische Haltung zu dieser Vorgehensweise. Ich sagte ihr, dass niemand vermuten könnte, dass ich in der Nacht irgendwo arbeiten könnte. Ich könnte mich genauso nachts in Discos oder in Bars herumtreiben. „Das wäre ja noch schöner", zischte meine Mutter mich an und fragte mich im gleichen Atemzug: „Und wie geht es mit deinem Noch-Chef weiter? Der hat zwar einen Krankenschein von dir erhalten, aber deswegen bist du noch lange nicht befreit, um einen neuen Job anzufangen." Ich antwortete, dass der Chef während meiner Krankheitszeit doch ohnehin einen Ersatzmann einsetzen müsste oder er selbst die Tour fahren müsste, was ich ihm herzlich wünschte. Er hätte aber auch die Option, während meiner Abwesenheit einen Springerfahrer vom Paketdienst in Anspruch zu nehmen. Diesen müsste er allerdings sehr teuer bezahlen, denn wie ich gehört hatte, würde dieser Springerfahrer ihn mehr kosten, als er für diese Tour bezahlt bekam. Außerdem rechnete ich jeden Tag mit der fristlosen Kündigung von meinem alten Sklaventreiber. Im schlimmsten Fall müsste ich bis zum Ablauf der Kündigung beim neuen Arbeitgeber umsonst mitfahren. Ich dachte, dass ich ohnehin so lange brauchen würde, um die Tour kennenzulernen. Dann könnte ich aber sofort mit einem neuen Vertrag die Tour übernehmen. Ich hatte diese Situation mit Vater durchgesprochen, es wäre die einfachste Möglichkeit, dieser Hölle zu entrinnen. „Ich wurde während meiner Tätigkeit beim Paketdienst auch belogen und betrogen und niemand hat auf mich Rücksicht genommen, oder bist du der Meinung, dass diese Verhältnisse so weitergehen sollen?“, merkte ich an.

„Nein, mein Sohn, so kann es nicht weitergehen“, sagte meine Mutter und versprach mir, sich nicht weiter in unsere Vorgehensweise einzumischen.

Mir fiel ein Stein vom Herzen, hätte ich mich doch beinahe von meinem Vater als Petze hinstellen lassen müssen, worauf mir dieser in Zukunft mit Sicherheit keine vertraulichen Angelegenheiten mehr zugetragen hätte.

Gegen Abend kam mein Vater von seiner Arbeit und wir nahmen gemeinsam das Abendbrot zu uns. Mein Vater fragte mich, ob alles klar wäre für die neue Arbeit. Ich sagte: „Ja, Vater, ich gehe nach dem Abendessen sofort ins Bett, um für die neue Arbeit ausgeschlafen zu sein.“ Meine Mutter stellte sich uninteressiert und wünschte mir eine gute Nacht. In diesem Moment vermutete mein Vater, dass ich Wort gehalten hätte und nicht mit Mutter über meinen neuen Job gesprochen hätte. Ich wünschte eine gute Nacht und verschwand in meinem Zimmer. Mein Vater sagte: „Schlaf gut, mein Sohn.“

Ich hatte meinen Wecker für 22 Uhr gestellt und legte mich voller Erwartung auf meinen neuen Job in mein Bett. Vor Aufregung war an Schlaf nicht zu denken, mir gingen tausend Sachen durch den Kopf. Ich hatte noch nie so darauf gewartet, dass der Wecker mich aus dem Bett holen würde. Wahrscheinlich war ich doch noch eingenickt, als der Wecker Punkt 22 Uhr rappelte. Ich sprang euphorisch aus dem Bett und ging ins Bad, um die „Abendtoilette“ zu erledigen. Kurz darauf stieß mein Vater zu mir ins Bad und fragte mich: „Bist du fit für die Nacht?“ Ich sagte, dass ich schon ein bisschen Bammel hätte, die ganze Nacht die Augen aufzuhalten und mich auf die neue Tour zu konzentrieren. Mittlerweile wurde es 22:30 Uhr und mein Vater fuhr mich zu meinem neuen Arbeitsplatz. Fünf Minuten vor 23 Uhr setzte er mich mit einem Zettel in der Hand an der Pförtnerloge vor dem Verlag ab. Er sagte: „Frage beim Pförtner nach dem Namen, der auf dem Zettel steht, und halte die Ohren steif.“

Beim Aussteigen sagte ich noch zu meinem Vater: „Ich rufe dich aber erst an, wenn ich weiß, dass du aufgestanden bist“, und ich verschwand beim Pförtner. Ich sagte diesem, dass ich hier heute Nacht beim Zeitungsversand anfangen wollte und mich beim Nachtversand melden sollte. Der Pförtner griff zum Telefonhörer und sagte mir kurz darauf, dass ich dort an der Pforte vom Versandleiter abgeholt werden würde. Diese Ehre hatte ich beim Paketdienst nicht erleben dürfen. Es dauerte keine fünf Minuten, bis dieser Herr beim Pförtner erschien, mich per Handschlag begrüßte und mit mir in sein Büro ging. Er sagte mir, dass er über meine Person voll im Bilde sei, und bat mich darum, mit niemandem, auch nicht mit dem Fahrer, der mich einweisen sollte, über meine Situation zu sprechen. „Im Übrigen“, sagte der Versandleiter, „sind wir Kollegen und duzen uns. Ich heiße Joachim, und wie ist dein Name?“

„Ich heiße Klaus, meinen Nachnamen kennen Sie, Entschuldigung, kennst du ja bestimmt schon!“ Er erklärte mir kurz, um was es sich bei diesem Job drehen würde und was zu beachten wäre, bevor ich überhaupt auf Tour fahren könne. Mittendrin klingelte sein Diensttelefon und schon musste er wieder irgendwohin eilen, wo es offensichtlich klemmte. Er sprang von seinem Stuhl auf und zog mich an meinem Arm mit sich. Mit dem Telefon in der Hand und mich am langen Arm gingen wir nun in die Verladehalle, wo die neueste Ausgabe der Tageszeitung auf viele Fahrzeuge verladen wurde.

Ich schaute mich um und wurde vom Versandleiter nach seinem Telefonat zu dem Fahrer geführt, mit dem ich den Rest der Nacht verbringen sollte. Er stellte uns gegenseitig vor und überließ mich dem Fahrer. Dieser begrüßte mich und erklärte mir, wie hier so alles vor sich ging. Nach seiner Einführung fragte ich ihn, ob er denn diese Tour abgeben wollte. Ich bekam von ihm eine umwerfende Antwort. Er sagte mir, dass er von einem Paketdienst ein Angebot hätte, wo er nur noch tagsüber ein paar Stunden arbeiten müsste. Ich fragte ihn nach dem Grund. Er sagte, dass er eine Frau kennengelernt hätte, die allerdings nicht die ganze Nacht alleine sein wollte. Ich erinnerte mich blitzschnell an meine eigene Karriere beim Paketdienst, worüber ich ihm aber nichts erzählte. Und es kam, wie es kommen musste. Nach kurzem Gespräch fragte mich der Kollege nach meiner beruflichen Vergangenheit. Ich sagte ihm, dass ich nur zeitweise bei einem Kurierdienst tätig gewesen war und der Verdienst nicht nach meinem Geschmack gewesen sei. Mitten im Gespräch sagte mein Kollege, dass wir gleich zum Laden an die Rampe fahren müssten. Ich fragte ihn, woran er das erkennen würde. Er zeigte mir die vier Verladerampen in der Verladehalle, wo über jeder eine Anzeigetafel hing. Diese Anzeigetafeln zeigten an, welches Fahrzeug anhand der Tour-Nummer zum Laden an die Rampe fahren musste. Ich stellte keine weiteren Fragen und wartete ab, was weiterhin passierte.

Nach kurzer Zeit erschien auch unsere Tour-Nummer auf dem Terminal und mein Kollege fuhr an das Band, an dem wir unsere Zeitungspakete erwarteten. Kaum zehn Minuten später hatte er die Stapel geladen. Nun mussten wir nur noch die Streifbandzeitungen von einem Packtisch mit unserer Tour-Nummer einsammeln und schon konnten wir losfahren.

Gegen vier Uhr in der Frühe war die Tour auch schon abgerissen. Mein Kollege fragte mich, wo ich wohnen, und wie ich nach Hause kommen würde. Ich sagte ihm, dass ich noch kein eigenes Auto hätte und auf meinen Vater angewiesen wäre, ich müsste allerdings noch zwei Stunden warten, da sonst mein Vater nicht mehr ausschlafen könnte. Mein Kollege bot an: „Ich kann dich nach Hause fahren, das macht mir nichts aus."

Ich sagte ihm: „Das wäre schön, dann könnte ich auch noch länger schlafen."

Gesagt, getan, fuhr mich mein Kollege bis vor die Haustür. Während der Heimfahrt erzählte er mir, dass ich ja später, wenn ich die Tour übernehmen würde, das Fahrzeug, so wie er jetzt, mit nach Hause nehmen könnte. Das Fahrzeug würde zwar tagsüber auch gebraucht, würde aber bei mir zu Hause von der Tagschicht abgeholt. Ich war entzückt über diesen Bescheid und dachte mir: „Das ist ja genau das Gegenteil von dem Martyrium, das ich gerade hinter mich gebracht habe." Ich fragte noch meinen Kollegen, wie lange ich Zeit hätte, um die Tour zu lernen. Dieser sprach: „Das liegt ganz in deinem Ermessen. Wenn du mir sagst, dass du ab morgen alleine fahren möchtest, dann machen wir das, allerdings muss die Tour dann auch hundertprozentig sitzen, denn dann hilft dir keiner mehr. Fahre lieber einen Tag länger mit als einen zu wenig, ich opfere die Zeit, um dich richtig anzulernen, sonst bekomme ich noch zum Abschluss Probleme mit unserem Chef. Dies möchte ich weder mir noch unserem Chef antun, denn dazu habe ich ein zu gutes Verhältnis zu ihm aufgebaut. Du musst wissen, dieser Mann geht mit dir durch dick und dünn, wenn er spürt, dass du auch in seinem Sinne handelst. Wenn du in der Nacht ein Problem mit dem Fahrzeug hast, aber damit noch die Tour zu Ende fahren kannst, dann tu es. Nur wenn das Auto nicht mehr fahrbar ist, solltest du den Chef anrufen, die Nummer von ihm wirst du ja schon haben. Für Probleme mit den Zeitungen oder Austrägern gebe ich dir am letzten Tag, an dem ich noch mitfahre, eine Hotline-Nummer. Mit dieser Nummer erreichst du unsere schwarzhaarige Mieze Anke, die auch stellvertretende Versandleiterin ist. Sie weiß einfach alles, was den Zeitungsvertrieb und auch Männer angeht!" Ich fragte ihn, wie er das meinte. Er sagte nur: „Du wirst sie noch notgedrungen irgendwann kennenlernen."

Zu Hause bei mir angekommen, bedankte ich mich fürs Heimbringen, worauf mein Kollege noch einen drauflegte. „Wenn du willst, hole ich dich heute Abend auch wieder hier ab, damit dein Vater zu seinem verdienten Schlaf kommt. Ich weiß, was es heißt, wenn der Vater seinen Sohn mitten in der Nacht hin- und herfahren und selber seine Tagschicht hinter sich bringen muss. Bei mir war das am Anfang genau das gleiche Problem." Ich erklärte, dass ich das nicht von ihm verlangen könnte, bekam aber sofort die Widerrede: „Ich bin heute Abend um 22:30 Uhr hier an der gleichen Stelle. Und nun raus aus dem Auto und ab ins Bett." Ich sagte nur noch „Tschüss und Danke" und verschwand.

Ich nahm meinen Hausschlüssel und schlich mich ohne Licht und Geräusche zu machen durchs Haus bis in mein Zimmer. Nachdem ich meine Zimmertür hinter mir zugemacht hatte, zog ich meine Kleider aus, löschte das Licht und legte mich auf mein Bett. Abermals liefen mir die vergangenen Stunden vor meinen Augen wie ein Film ab, genau wie damals nach der ersten Schicht bei dem Paketdienst. Allerdings musste ich feststellen, dass die vergangenen Stunden beim Zeitungsverlag schneller an meinen Augen vorbeiliefen als die beim Paketdienst. Der Grund lag wohl darin, dass die aufgewendete Zeit beim Zeitungsverlag gerade mal ein Drittel der Zeit des Paketdienstes in Anspruch genommen hatte.

Irgendwann schlief ich auch ein und ich wurde gegen elf Uhr in der Frühe wieder wach. Ich nahm meine Kleider unter den Arm und begab mich in Richtung Badezimmer. Auf halbem Weg durch den Flur vernahm ich die Stimme meiner Mutter, die mich fragte: „Hallo, Junior, hast du schon ausgeschlafen?" Ich begab mich in das Zimmer, aus dem ich die Stimme meiner Mutter hörte, und setzte mich ihr gegenüber auf die Wohnzimmercouch. Sie, völlig angespannt, wollte nun von mir wissen, wie die erste Schicht gewesen war. Ich sah meine Mutter an und gab ihr mit ernstem Unterton zur Antwort: „Dieses ist der schlimmste Job, den ich in meinem Leben bis heute erlebt habe!"

Ich sah, wie die Gesichtszüge meiner Mutter völlig einfroren. Sie sagte nur noch kleinlaut: „Dein Vater hat es aber nur gut gemeint." Sie erhob sich von ihrem Sessel, in dem sie um diese Uhrzeit, wahrscheinlich aus Langeweile, ihrer Häkelarbeit nachging, und setzte sich direkt neben mich. „Junge, was ist dir Schlimmes passiert letzte Nacht, dass du so enttäuscht bist?"

Ich antwortete ihr, dass ich die ganze Nacht mit einem wildfremden Mann in einer total engen und dunklen Fahrerkabine unterwegs gewesen war. Außer was der Lichtkegel der Autoscheinwerfer beleuchtet hatte, hätte ich nichts von unserer Welt erkennen können. Als noch schrecklicher hätte ich empfunden, dass ich keinem Menschen begegnet sei, der mich denunziert oder betrogen hätte.

Meine Mutter hatte meine Aussage nicht richtig verstanden und fragte mich: „Heißt das, dass du nun schon wieder einen neuen Job brauchst?"

Ich antwortete: „Ich fürchte ja, Mutter", und schaute ihr tief in die Augen. Im gleichen Moment fiel ich ihr in die Arme und sagte: „Ich bin euch beiden so dankbar für diesen Job. Wenn mich jemand fragen würde, welch ein Unterschied zwischen den beiden Jobs besteht, würde ich sagen müssen, wie ‚Himmel und Hölle'!"

Meine Mutter, nun sichtlich erleichtert, sagte: „Dann hat sich die Mühe deines Vaters doch gelohnt!"

Daraufhin meinte ich: „Zu 1.000 Prozent." Ich drückte meine Mutter wie noch nie zuvor an mich und sagte ihr: „Eltern wie euch kann sich jeder nur wünschen, ich habe sie." Meine Mutter fragte mich, ob ich denn keinen Hunger hätte. Ich bat sie nur um einen kleinen Imbiss, ansonsten würde ich warten, bis Vater nach Hause kommen würde und wir wie üblich gemeinsam im Familienkreis das Essen zu uns nehmen würden. Ich sagte meiner Mutter, dass ich mir die künftigen Nächte etwas Essbares und etwas gegen den Durst mitnehmen müsste. Sie versprach mir: „Mach dir darüber keine Gedanken, ich werde für ausreichenden Proviant sorgen und ihn für dich bereitlegen. Was machst du nun noch mit deiner Freizeit heute?"

„Am liebsten würde ich erst mal gerne Mäuschen spielen bei meinem alten Chef. Ich hoffe, dass er in die Lage gerät, selber mal ins Lenkrad greifen zu müssen, nur um einmal zu erkennen, was er seinen schlecht bezahlten Mitarbeitern täglich zumutet. Ich kann mir nicht vorstellen, dass die Sklaven, welche die Pyramiden gebaut haben, Größeres geleistet haben. Im Krieg verheizte man Soldaten zu militärischen Zwecken. Hier verheizt man Paketzusteller zu kapitalistischen Zwecken. Ich hätte große Lust, diesen ganzen Laden bei allen zuständigen Institutionen in unserer Republik anzuzeigen und die vorherrschenden Zustände bis ins kleinste Detail publik zu machen!"

Meine Mutter sagte: „Lass gut sein, mein Junge, du hast es ja nun hinter dir, kümmere dich nicht mehr um deine Vergangenheit, schau lieber nach vorne."

Ich antwortete: „Mutter, du kannst dir nicht vorstellen, welche Knechtschaft in diesem Laden herrscht. Es ist noch mehr als menschenunwürdig, was da vor sich geht. Ich war kein Musterschüler in der Schule, aber ich habe so viel mitbekommen, dass es in einem demokratischen Land keine Sklavenarbeit gibt. Es gibt schließlich ein Grundgesetz, das verbietet, dass sich in diesem Land jemand körperlich zum Krüppel arbeiten muss. Ich hätte gerne mal dich oder Vater an einem Tag von morgens bis zum Ende der Tour mitgenommen, um euch einmal einen Einblick zu geben. Du bist nicht nur auf dem Betriebsgelände des Paketdienstes der Arsch der Nation, sondern auch während der Tour bei einigen Kunden. Ich werde auch den Gedanken nicht los, dass gerade die Kunden, die ihre Klappe am weitesten aufreißen, im Leben selber noch nichts hingebracht haben!"

Meine Mutter unterbrach mich in meiner Erregung und sagte: „Junge, sei froh, dass du da nicht mehr hinmusst, ich kann es mir nur vorstellen, was du dort erleiden musstest!"

„Und stell dir vor", sagte ich zu meiner Mutter, „der Kollege, der mich zurzeit auf der Nachtschicht anlernt, gibt diesen Job auf, um tagsüber bei einem Paketdienst anzufangen!"

Meine Mutter riet mir: „Erzähle diesem bloß nichts über deine alte Tätigkeit!"

Ich sagte: „Er hat mich bereits danach gefragt, und ich habe ihm eine ausweichende Antwort gegeben, schließlich wollte ich mir nicht meinen neuen Job verderben."

„Gut so, mein Sohn", sagte meine Mutter, „lass ihn in seiner Zuversicht."

Ich sagte zu meiner Mutter: „Ich glaube sowieso nicht, dass er sich von mir aufhalten lässt, da er mir seine Gründe erzählt hat."

Meine Mutter fragte mich nach diesen Gründen. Ich erzählte ihr, dass der Kollege eine Frau kennengelernt hätte, die ihm gleich klargemacht hätte, dass sie nachts nicht alleine sein wollte. Meine Mutter antwortete: „Auf der einen Seite kann ich die Frau verstehen, dass sie ihren Partner gerne nachts zu Hause hat, aber sie kann auf der anderen Seite nicht wissen, was sie mit dem neuen Job, den ihr Freund nun annimmt, erwarten wird!" Ich gab meiner Mutter zur Antwort, dass diese Beziehung spätestens nach vier Wochen Geschichte sei. „Belaste dich nicht mit solchen Ereignissen", bekam ich zu Ohren, „wenn es dir schlecht ergeht, ist das auch dem Rest der Welt gleichgültig. Denk immer an den Spruch: Jeder ist seines Glückes Schmied."

Ich entgegnete: „Damit hast du vollkommen recht, dies habe ich in der letzten Zeit selber erfahren müssen, und ich habe daraus viel gelernt. Mir tut es nur leid, wenn ich erleben muss, dass so viele andere in diese Falle hineintappen."

Meine Mutter sagte: „Du kannst nichts dagegen tun, wenn, muss das von einer höheren Instanz in die Wege geleitet werden."

Ich unterbrach meine Mutter in ihrem Satz und sagte: „Es gibt doch den alten Spruch: Wo kein Kläger, da kein Richter!"

Meine Mutter sah mich entsetzt an und fragte mich: „Willst du allen Ernstes zum Kläger werden, wie stellst du dir das eigentlich vor?"

Ich sagte ihr, dass man alle Institutionen, die für das Arbeitsrecht und für die Gesundheit zuständig waren, eingehend in Schriftform über diese Zustände informieren müsste.

Meine Mutter zeigte sich resigniert und sprach: „Junge, ich kenne dich nicht wieder. Ich schlage vor, dass du dich über diese Sache zuerst einmal mit deinem Vater auseinandersetzt; er ist diesbezüglich durch seine langjährige Erfahrung, auch als Mitglied in der Gewerkschaft, der kompetentere Ansprechpartner. Ich von meiner Seite aus kann dir nur raten, lass die Finger davon, denn wer mit heißen Eisen spielt, verbrennt sich schnell daran!"

Ich widersprach ihr mit dem Argument: „Wer soll denn die Anklage führen, wenn es nicht einer ist, der diese Hölle am eigenen Leib erfahren musste? Dieser Job ist einfach ungesetzlich und menschenunwürdig in unserer heutigen Zeit, schließlich leben wir nicht mehr im 19. Jahrhundert!" Ich sagte meiner Mutter, dass ich, bis Vater von der Arbeit nach Hause kommen würde, ein paar Schritte durch die frische Luft machen würde.

„Wir essen wie immer gegen 18 Uhr", sagte Mutter, „sei dann bitte zurück."

Ich zog durch die Straßen in unserem Ort und traf einen alten Schulkameraden, der nach unserer Schulzeit eine Lehre als Kfz-Mechatroniker gemacht hatte. Ich fragte ihn, ob er keinen Job hätte. Er lachte und sagte: „Schau mal auf die Uhr, ich habe Feierabend!" Er stellte mir daraufhin die gleiche Frage. Ich erzählte ihm, dass ich zur Zeit einer Nachtarbeit bei der Zeitung nachgehe. Daraufhin machte mein alter Schulkamerad mir den Vorwurf, dass ich nach dem Schulbesuch keinen Bock gehabt hatte, eine Lehre anzufangen. Ich erzählte ihm von meinen Erlebnissen beim Paketdienst und dass ich heute meine damalige Entscheidung bitter bereuen würde. Ich bekam von ihm die spontane Antwort: „Noch ist es nicht zu spät für dich, eine Lehre anzufangen. Mein Chef sucht händeringend Facharbeiter für seine Werkstatt. Du könntest heute einer davon sein, wenn du damals, wie ich, diesen Beruf erlernt hättest! Du hättest einen gut bezahlten Job, eine geregelte Arbeitszeit und wärst in der Lage eine Familie zu ernähren. Und wenn es einmal mehr wird als die reguläre Arbeitszeit, gibt es dafür auch extra Kohle, nicht wie bei deinem alten Job, wo du noch keine vier Euro netto in der Stunde verdient hast!"

„Ja, ja, ich hätte damals doch besser auf meine Eltern hören sollen. Deinen Beruf hätte ich damals mit dir zusammen erlernen sollen. Heute beneide ich dich um deinen Job. Ich werde mir darüber Gedanken machen, noch stehe ich nicht in der Pflicht, eine Familie ernähren zu müssen, und könnte noch einen verspäteten Neustart wagen!"

Mein Schulfreund meinte: „Das mit einer Familie kann sehr schnell passieren, ich spreche aus Erfahrung. Aber um noch einmal auf dich zurückzukommen: Wenn du ernsthaft die Absicht hast eine verspätete Lehre anzufangen, könnte ich mit meinem Chef sprechen, ob er noch an einem Lehrlingsveteran Interesse hat."

Ich gab ihm zur Antwort: „Fragen kostet nichts“, und schaute auf die Uhr. Ich musste das Gespräch mit meinem Kumpel abbrechen, zu Hause stand wahrscheinlich bereits das Essen auf dem Tisch und auf Mutters Kochkünste wollte ich auf keinen Fall verzichten.

Zu Hause angekommen, war mein Vater bereits von seiner Arbeit zurück und Mutter bereitete das Abendessen vor. Vater fragte mich als Erstes, wie ich heute Morgen von der Arbeit nach Hause gekommen sei. Ich erzählte ihm, dass sich der Fahrer, der mich einarbeitete, bereiterklärt hatte, mich während der Anlernzeit zu Hause abzuholen und wieder zurückzubringen. „Wie war die erste Schicht?“, fragte mein Vater weiter.

„Interessant“, gab ich ihm zur Antwort. „Der Job ist Welten von der alten Tätigkeit entfernt. Was würdest du sagen, wenn ich doch noch eine Lehre anfangen würde?“, fragte ich meinen Vater.

Spontan kam die Antwort: „Noch ist es nicht zu spät dafür. Du müsstest allerdings einen Lehrmeister finden, der auf diesen Deal eingeht. Du bist schließlich nicht mehr in dem normalen Alter, eine Lehre anzufangen. Von meiner Seite aus kann ich nur sagen, und ich denke, das wäre auch im Sinne deiner Mutter, dass es uns mit Stolz erfüllen würde, wenn aus unserem Sohn doch noch ein brauchbarer Facharbeiter würde. Denn nichts geht über eine fundierte Berufsausbildung!“

Ich sagte ihm: „Lass mich mal machen, ich habe vielleicht was in Aussicht. Vorläufig werde ich aber diese Nachtschicht weiterführen.“

„Nun zu einem anderen Punkt“, sagte mein Vater. „Deine Mutter hat mir über deine Gedankengänge wegen deiner alten Tätigkeit erzählt. Ich kann dir davon nur abraten. Wenn man als kleiner Arbeiter gegen ein großes Unternehmen, das Milliardenumsätze macht, vorgehen will, muss man gute Beziehungen haben, viel Zeit und Kapital opfern, um einen Erfolg zu erwirken. Du hast nur die Möglichkeit, unsere bestehenden Institutionen anonym mit schriftlichen Eingaben über diese Zustände zu informieren. Was daraus gemacht wird, liegt dann nicht mehr in deinem Einflussbereich. Wenn du in deinem Namen und somit auch in deiner Verantwortung gegen eine Firma dieser Größe vorgehst, kann es passieren, dass du in dieser Nation keinen Fuß mehr fassen kannst. Das kann für dich bedeuten, dass dir ein Lehrvertrag oder ein Job in einem deutschen Unternehmen versagt bleibt!" Ich fragte meinen Vater, ob es keinen anderen Weg geben würde. Er sagte mir, dass er selbst seit vielen Jahrzehnten gewerkschaftlich organisiert wäre und er mein Begehren mit einem Gewerkschaftsfunktionär besprechen würde. Ich bedankte mich bei ihm für das Gespräch und zog mich in mein Zimmer zurück, um mich für die anstehende Nachtschicht auszuschlafen. Beim Verlassen des Wohnzimmers sagte mein Vater noch: „Ich hätte nie gedacht, dass du dich einmal so kämpferisch zeigen würdest!"

Ich sagte nun zum Abschluss unseres Gespräches: „Wenn man diese Hölle erlebt hat, kann man als normal denkender Mensch nur noch ein Ziel haben – raus aus dieser Sklaverei. Im Übrigen möchte ich mich noch einmal bei dir und Mutter bedanken, dass ihr mich nicht habt fallen lassen."

Vater erwiderte: „Es ist doch Elternpflicht, dafür zu sorgen, dass das eigene Kind auf den Weg in seine Zukunft vorbereitet und begleitet wird. Alles andere ist in meinen Augen asoziales Denken. Unsere Eltern haben das auch so gemacht, und du wirst eines Tages auch in dieser Verantwortung stehen. Stell dir einmal vor, du hast eines Tages selbst eine Familie mit Kindern. Was willst du denen erzählen? Die werden dir ins Gesicht sagen: ‚Du hast doch selber nichts gerafft, verlangst aber von uns, dass wir einen Beruf erlernen sollen'!"

Ich gab ihm zur Antwort: „Darüber habe ich mir noch nie Gedanken gemacht."

Mein Vater erklärte zum Abschluss, dass man im Leben immer vorausschauen müsste, um existieren zu können. „Und du wirst irgendwann auch mal einer Frau begegnen, die dein Leben total verändert und dich früher oder später nach finanzieller Absicherung fragt!"

Ich verschwand in meinem Zimmer und legte mich in mein Bett. Die Erlebnisse dieses Tages liefen abermals an meinem inneren Auge vorbei und ich schlief wahrscheinlich wieder zu spät ein.

Gegen 22 Uhr riss mich der Wecker aus dem Bett und ich musste mich für die anstehende Nacht fertig machen.

Diese Prozedur wiederholte sich für einige Tage, bis ich tagsüber noch einmal bei einem Rundgang durch unseren Ort meinen alten Schulkameraden traf. Dieser sagte mir, dass ich mich bei seinem Chef vorstellen sollte. Ich erklärte ihm, dass ich am nächsten Tag gerne vorbeikommen würde.

Gesagt, getan, machte ich mich am folgenden Tag auf den Weg zu dem Betrieb meines Schulkameraden. Als ich die Werkstatt betrat, entdeckte mich schon mein Schulkamerad, der gerade unter einem Fahrzeug arbeitete. Er beendete sein Schaffen und nahm mich in Empfang. „Na, dann komm", sagte er, „gehen wir mal in die Chefetage!"

In einem Vorzimmer angekommen, begrüßte uns eine attraktive Blondine. Bevor sie uns fragen konnte, was unser Anliegen wäre, ging die Tür des Chefbüros auf und der Chef stand höchstpersönlich vor uns. Er sagte zu der Blondine: „Es geht in Ordnung, Schatz, die beiden Herren haben einen Gesprächstermin bei mir. Na, dann kommt mal mit ins Büro."

Mein Schulfreund sagte zu dem Chef: „Ich geh dann mal wieder an meine Arbeit."

Doch der Chef widersprach ihm mit den Worten: „Du bleibst bei diesem Gespräch anwesend", und er bat uns, an einem größeren Tisch Platz zu nehmen. Er wandte sich danach direkt an mich und fragte mich, wie alt ich wäre. Als ich ihm mein Alter genannt hatte, sagte dieser: „Du hast in deinem Leben viel Zeit verschenkt. Dein Freund hat mir erzählt, du wärst ein Autofreak. Das ist Grundvoraussetzung für diesen Beruf, denn ohne Passion läuft hier nichts!" Er fragte mich nach meinem bisherigen beruflichen Verlauf. Ich gab ihm schüchtern die Antwort: „Ich kann mir nicht vorstellen, dass Sie meine bisherige Tätigkeit vom Hocker haut! Ich schäme mich mittlerweile selber für meine Vergangenheit und habe zurzeit einen Job als Fahrer zur Nacht."

Er fragte direkt: „Bei der Tageszeitung oder beim Arzneimittellieferanten?"

Ich sagte: „Bei der Zeitung, aber wie kommen Sie auf diese beiden?"

Er erwiderte: „Mehr Angebote an Nachtarbeiten gibt es bei uns nicht. Ich kann dir aber aus sicherer Quelle sagen, dass du den Verdienst, den man dir versprochen hat, nicht mehr lange haben wirst!"

Ich fragte ihn, woher er das wissen könnte. Ich bekam von diesem Mann nun eine ernüchternde Antwort. „Ich bin nicht nur Chef dieser Firma, ich bin auch Mitglied des Ausschusses der Handwerkskammer dieses Landes. Dort gehen bereits Gerüchte um, dass der Zeitungsverleger seinen betriebseigenen Fuhrpark privatisieren will!" Ich fragte den Chef, was das für mich bedeuten könnte. Er sagte, dass ich dann mit erheblichen Verdiensteinbußen rechnen müsste, da ich nach dieser Privatisierung aus dem Gewerkschaftsvertrag für die Mitarbeiter der Presse fallen würde. „Das heißt, dass deine jetzigen Bezüge drastisch gekürzt werden und Nacht- und Feiertagszuschläge entfallen!" In mir brach nun eine weitere Welt zusammen, war ich mir doch sicher gewesen, den ultimativen Job gefunden zu haben. Der Chef bemerkte wohl meinen innerlichen Zusammenbruch, gab mir einige Sekunden, diesen Schock zu verarbeiten, und fragte mich danach, ob mein Interesse an einem Neustart immer noch bestehe. Ich gab ihm total niedergeschlagen die Antwort: „Ja, es ist mein innerlichster Wunsch, den Beruf des Kfz-Mechatronikers zu erlernen." Er sagte, dass er sich bei der Handwerkskammer um eine Lehrstelle für mich bemühen würde, dass es allerdings einige Tage dauern könnte. Ich schaute meinen Schulfreund an, der mir sagte: „Überlege nicht und warte auf den Bescheid unseres Chefs, mit seinen Beziehungen findet er garantiert eine Lösung!" Ich erklärte, dass mein Vater mir gerade den Job bei der Zeitung besorgt hatte und ich ihm dafür sehr dankbar wäre. Der Chef unterbrach unser Gespräch und machte einen Vorschlag. „Komme bitte mit deinem Vater zu einem neuen Gesprächstermin hierher!" Ich sagte zu dem Chef, dass dies wohl die beste Entscheidung wäre, bedankte mich für das informative Gespräch und verabschiedete mich: „In den nächsten Tagen melde ich mich dann mit meinem Vater bei Ihnen."

„Okay", sagte der Chef, „in der Zwischenzeit halte ich Rücksprache mit der Handwerkskammer. Was die Insiderinformation betrifft, hoffe ich auf eure absolute Diskretion. Wenn du diese Info publik machst, steht deine Zukunft auf dem Spiel. Dies gilt auch für dich", sagte er zu meinem Schulfreund. „Das war es dann für heute", fuhr er fort. „Wir sehen uns demnächst wieder hier. Hier hast du noch meine Karte, wenn alles passt, ruf mich an und ich räume kurzfristig einen Gesprächstermin ein!"

Ich bedankte mich und verließ mit meinem Schulfreund das Büro. Mein Freund machte mir große Hoffnung und sagte: „Ich muss jetzt wieder an meine Arbeit." Ich fragte ihn, ob ich ihm noch etwas bei seiner Tätigkeit zuschauen dürfte, ich hätte heute sonst nichts vor. „Klar", sagte er, „du kannst jede freie Minute hierherkommen, ich kann dir dann schon einiges an Wissen vermitteln."

Ich verbrachte den Rest des Tages an der Seite meines Kumpels und verließ meinen hoffentlich zukünftigen Betrieb gegen 17 Uhr am Feierabend.

Auf dem Nachhauseweg nahm ich mir die Karte des Chefs vor die Augen und las:

Kfz-Reparaturen aller Marken – Mechanik – Elektronik
Karosserie – Lack
Auftragsannahme: von 8:00 bis 18:00 Uhr
Inhaber: Kfz-Ingenieur K. M…
Telefon: …
E-Mail: …

Ich traute zuerst meinen Augen nicht, was ich da las. Der Chef war Ingenieur.

Zu Hause angekommen, erwartete mich bereits meine Mutter voller Spannung. „Na, wie war das Gespräch mit dem Meister in der Werkstatt?", fragte sie mich.

Ich hielt ihr die Visitenkarte des „Meisters" vor die Augen und sagte: „Bevor du weiterredest, lies erst genau diese Karte."

Sie überflog die Karte und raunte: „Interessant, was diese Werkstatt alles anbietet, da kann man sich in alle Richtungen der Kfz-Technik etwas aussuchen."

Ich sagte zu meiner Mutter: „Lies mir die Karte von Anfang bis Ende vor!"

Sie tat dieses und bemerkte danach, dass der Chef gar kein Meister war.

Ich fiel ihr ins Wort und sagte: „Nein, Mutter, der Mann ist kein Meister, er ist nur Ingenieur, weißt du überhaupt, was das bedeutet? Dieser Mann besitzt das gesamte Spektrum an Wissen über Kraftfahrzeuge, von der Herstellung über die Pflege bis hin zu den Reparaturarbeiten."

Meine Mutter bemerkte: „Das kann ja nur gut für dich sein, allerdings musst du dann wieder zurück auf die Schulbank, und gerade das wolltest du nicht mehr!"

Ich sagte ihr, wenn ich dort einen Lehrvertrag bekäme, wäre das für mich wie sechs Richtige auf dem Lottoschein. Der Chef hatte ja auch schon zu mir gesagt, dass man ohne Passion in diesem Beruf keine Zukunft hatte. „Du, Mutter, weißt doch am besten, dass ich mich schon immer für Autos interessiert habe."

Sie sagte: „Ja, ich kann es mir vorstellen anhand der Bilder, angefangen von Ferrari bis Lamborghini, die an den Wänden deines Zimmers hängen."

Ich erklärte ihr: „Bisher weiß ich nur, wie schön und schnell diese Fahrzeuge sind, nun hätte ich auch die Möglichkeit, zu lernen, wie sie funktionieren, und könnte später meinen eigenen Ferrari selber reparieren."

Meine Mutter lachte laut und sagte: „Fängst du schon wieder an zu träumen?"

„Nein, Mutter, ich werde meine Träume in die Realität umsetzen!"

Sie antwortete: „Rede mit deinem Vater über deine Pläne, der hat es immerhin zum Abteilungsleiter geschafft, fährt aber bis heute noch keinen Ferrari. So schnell geht das nicht, da musst du entweder reiche Eltern, einen Sechser im Lotto oder ein großes Unternehmen mit riesigen Umsätzen haben. Reiche Eltern hast du nicht, und sechs Richtige im Lotto sind auch sehr selten!"

Während unserer Unterhaltung hörten wir, dass mein Vater das Haus betrat. Er kam direkt zu uns und erkundigte sich nach den neuesten Ereignissen. Meine Mutter umarmte ihn liebevoll zur Begrüßung und sagte: „Schatz, du musst demnächst Überstunden machen!"

Mein Vater fragte sie ganz verdutzt: „Hast du einen Hausfreund, der nicht vor 17 Uhr verschwinden will?"

Meine Mutter lachte schon wieder lauthals und sagte: „Nein, aber dein Sohn will sich einen Ferrari kaufen!"

Mein Vater drehte seinen Kopf in meine Richtung und fragte mich, ob ich übergeschnappt wäre. „Da wäre der Hausfreund deiner Mutter doch günstiger."

Meine Mutter gab meinem Vater einen Haken in die Rippen und sagte: „Ich hätte nie gedacht, dass du so viel Vertrauen zu mir hast!"

Nachdem sich mein Vater von dem Haken meiner Mutter erholt hatte, gab ich ihm zur Antwort: „Mutter hat da etwas Falsches hineininterpretiert. Ich habe mich heute mit meinem alten Schulfreund zusammen bei seinem Chef vorgestellt. Ich hätte die Möglichkeit, dort eine Lehre anzufangen. Allerdings besteht der Chef auf ein Gespräch in deinem Beisein!"

Mein Vater war total perplex und fragte, um was es hier eigentlich gehen würde.

Nach einem langen Gespräch mit meinem Vater sagte dieser: „Das ist doch nur wieder eine Träumerei von dir. Du warst doch nicht bereit, eine weiterführende Schule zu besuchen!"

Meine Mutter mischte sich in unser Gespräch ein und sagte zu meinem Vater: „Schatz, ich glaube, unser Sohn hat sich das erste Mal in seinem Leben etwas vorgenommen, mit dem er es sehr ernst meint!"

Mein Vater schaute meine Mutter ungläubig an und sprach: „Okay, ich werde mir die Zeit nehmen, mit dir zu diesem Arbeitsplatz zu gehen, aber wehe, du enttäuschst mich. Du bist dir hoffentlich bewusst, dass eine Lehre in diesem Beruf dreieinhalb Jahre deines Lebens kostet!"

Ich sagte: „Ja, Vater, ich bin mir darüber vollkommen im Klaren. Ich habe in der letzten Zeit erkannt, was es heißt, ein Facharbeiter oder ein Idiot zu sein, und ich möchte nicht länger ein Idiot sein!"

„Okay", sagte mein Vater, „wir gehen demnächst zu deinem zukünftigen Chef und reden über deine weitere Zukunft!"

Ich war gespannt wie ein Kleinkind, das den Heiligabend nicht erwarten konnte. Es vergingen einige Tage, bis mein Vater mit der Nachricht nach Hause kam, dass er zwei Tage später nachmittags ein paar Stunden frei machen konnte.

Am folgenden Tag telefonierte ich mit meinem zukünftigen Lehrmeister. Dieser war mit dem Gesprächstermin einverstanden und versprach mir eine Überraschung.

Am nächsten Nachmittag stand ich mit meinem Vater im Werkstattbüro. Die hübsche Blondine begrüßte uns und sprach: „Ihr könnt durchgehen, der Chef wartet schon auf euch."

Ich klopfte an die Bürotür und hörte ihn rufen: „Kommt herein, ich beiße nicht." Wir traten ein und ich stellte die beiden Herren gegenseitig vor. Der Chef bat uns, an seinem Konferenztisch Platz zu nehmen. Mein Vater sagte zu ihm: „Sie haben aber eine hübsche und freundliche Sekretärin!"

Der Chef grinste und sagte: „Das muss sie auch sein, sonst nehme ich sie nach der Arbeit nicht mehr mit nach Hause!"

Mein Vater erwiderte lachend: „Ich verstehe."

Der Chef sagte anschließend in ernstem Ton: „Ohne die Arbeit dieser Frau wäre ich nicht mehr in der Lage, diesen Betrieb zu führen. Sie hat eine kaufmännische Ausbildung mit Masterabschluss."

Ich fragte in meiner Unkenntnis in den Raum: „Was ist Masterabschluss?"

Der Chef antwortete, dass sie Diplomkauffrau wäre und ausbildungsmäßig eigentlich über ihm stehe. „Aber ich möchte nicht mit ihrem Job tauschen. Die heute verlangte Bürokratie könnte ich alleine nicht mehr bewältigen. Doch nun zu dir", sprach der Chef, „hast du dir deinen beabsichtigten Schritt in den letzten Tagen durch den Kopf gehen lassen?"

Ich antwortete: „Mir geht seit dem letzten Gespräch mit Ihnen nichts mehr anderes im Kopf herum. Ich bin fest entschlossen, diesen interessanten und gefragten Beruf zu erlernen. Nachdem ich Ihre Visitenkarte gelesen hatte, wurde mir eines klar: Einen besseren Ausbildungsbetrieb kann es für mich nicht geben. Hier weiß ich, dass mir keine Frage unbeantwortet bleibt, ohne dass ich mich für die Fragestellung schämen muss."

Der Chef erwiderte kurz: „Wer keine Fragen stellt, bleibt ewig dumm!"

Daraufhin sagte ich, dass ich mir darüber noch keine Gedanken gemacht hätte. Mein Schulkollege hatte mir allerdings nie erzählt, dass sein Chef Ingenieur war.

Der Chef erklärte: „Ich lege keinen Wert darauf, mit meinem Titel angesprochen zu werden, ich bin in diesem Hause nur der Ansprechpartner für alle Probleme. Ich pflege mit allen meinen Mitarbeitern ein kumpelhaftes Verhältnis. Allerdings verlange ich auch von allen den nötigen Respekt. Ich bin nicht nur Geschäftsführer dieser Firma, sondern auch Mitglied im Prüfungsausschuss der Handwerkskammer, wo du deine Zwischenprüfung und später deine Gesellenprüfung ablegen musst."

Mein Vater mischte sich in unser Gespräch ein mit der Frage: „Ist denn das alles noch für meinen Sohn in seinem fortgeschrittenen Alter realisierbar?"

Der Chef sagte zu meinem Vater: „Ich habe Ihrem Sohn beim letzten Telefonat eine Überraschung versprochen. Nun ist es Zeit, die Katze aus dem Sack zu lassen. Die Handwerkskammer sieht keinen Anlass, einem ‚Spätpubertierenden' eine Lehre zu verweigern. Jeder hat das Recht auf eine Ausbildung, gleich welchen Alters. Es gibt schließlich auch Menschen, die erst mit 60 Jahren den Führerschein machen."

Mein Vater meinte hierzu: „Vollkommen in Ordnung, wenn es nicht gerade eine Frau ist!"

Der Chef lachte nun das erste Mal und gab auch noch seinen Senf zu diesem Thema: „Solange wir die Frauen im Glauben lassen, sie seien uns überlegen, haben wir nichts zu befürchten und können unserer eigentlichen Tätigkeit nachgehen. Doch zurück zu unserem Lehrlingsanwärter. Eine schlechte Nachricht gibt es. Die staatliche Unterstützung für Lehrmittel ist out."

„Dies wäre auch nach seinem Schulabschluss der Fall gewesen", sagte mein Vater, „ich liege hierfür über der Verdienstgrenze!"

„Okay", resümierte der Chef, „dann müssen Sie als ‚Erziehungsberechtigter' wohl selber in die Tasche greifen!"

„Gerne", sagte mein Vater, „wenn der Lümmel die Sache durchzieht", und schaute mich erwartungsvoll an.

„Ich schwöre", sagte ich, „dass ich alles in meiner Macht Stehende versuche!"

Der Chef sprach: „Ich habe diesen Schwur nun auch gehört und ich werde dafür sorgen, dass du ihn in die Tat umsetzen wirst, komme es, wie es kommen will. Es ist nicht leicht, aber mit Fleiß und Schweiß zu schaffen!" Im gleichen Moment drückte er auf eine Taste auf seiner Telefonanlage und sagte: „Schatz, bringst du mir bitte die Unterlagen der Handwerkskammer für unseren neuen Schützling?"

„Kommt sofort!", war die Antwort.

Keine Minute später waren die Unterlagen auf dem Tisch. Der Chef blätterte nicht lange darin herum und legte mir einen kompletten Ausbildungsvertrag vor die Nase. Während ich mir den Vertrag anschaute, wandte er sich zu meinem Vater und sagte: „Ihr Sohn ist ja vom Alter her selbst befugt, den Ausbildungsvertrag zu unterzeichnen, ich wollte allerdings den Vater einmal selber kennenlernen, um mir ein Bild über seine Herkunft zu machen. Ich kann mir als Mitglied der Handwerkskammer nicht erlauben, jedem, der sich vielleicht sogar unter Druck bei mir vorstellt, einen Ausbildungsvertrag anzubieten. Da ich positiv Ihnen beiden gegenüber eingestellt bin, sehe ich keine Probleme, mit dem Sohnemann einen Ausbildungsvertrag einzugehen!" Er fragte noch meinen Vater, welchen Beruf er ausüben würde. Mein Vater antwortete, dass er auch Kaufmann mit Masterabschluss wäre und eine führende Position in einer Firma im Nachbarort habe. Als mein Vater den Namen des Betriebes nannte, antwortete der Chef: „Ach, so klein ist die Welt, von Ihrer Firma haben wir einige private Kunden!"

Mein Vater antwortete, dass er ein Firmenfahrzeug benutzen würde, da er auch ab und zu im Außendienst tätig wäre.

Der Chef hakte nach und fragte: „Wie viele Dienstfahrzeuge hat Ihre Firma?"

Mein Vater gab ihm zur Antwort, dass es einige Fahrzeuge wären, aber soviel er wüsste, seien alle geleast und würden dementsprechend von dem Fahrzeughändler auch vertraglich gewartet. „Aber ich kann mit der Direktion einmal darüber ein Gespräch führen."

Der Chef sagte, dass man auch während eines Leasingvertrags eine andere Fachwerkstatt für die Wartung beauftragen könnte. Es wäre nur eine Formsache.

Mittlerweile hatte ich den Ausbildungsvertrag nach meinem Ermessen für akzeptabel angesehen und unterschrieben. Ich reichte ihn meinem Chef über den Tisch, worauf er sagte: „Dieser Vertrag wird dein zukünftiges Leben entscheidend verändern. Es liegt nun in deiner Hand, ob du in Zukunft ein angesehener Mann wirst oder ein Loser bleibst. Du bist in der glücklichen Lage, dass du in diesem Hause einen Lehrvertrag bekommen hast und dein Schulfreund dich zusätzlich unterstützen kann. Mehr Glück kann man wohl nicht erwarten. Ich bitte dich nur darum, dass du dir jede Frage, die in deinem Kopf entsteht, egal wie dumm sie dir vorkommt, von einem Mitarbeiter oder von mir beantworten lässt. Nur so kommst du vorwärts. Ansonsten wäre noch zu sagen, dass du im ersten Lehrjahr einen mehrwöchigen Sonderlehrgang bei der Handwerkskammer belegen wirst. Dort wirst du die notwendigen Grundkenntnisse der Metallurgie erlangen."

Nun musste ich meine zweite Frage stellen: „Was ist Metallurgie?"

Der Chef sagte, dass bisher nur die wenigsten Bewerber ihn danach gefragt hätten. „Daran erkenne ich, ob der Bewerber ein echtes Interesse an diesem Beruf hat. Auf diesem Lehrgang", fuhr er fort, „erlernst du die Beschaffenheit und die Bearbeitung von Metallen, die im Kraftfahrzeugbau zum Einsatz kommen. Hierzu gehört Feilen, Bohren, Sägen, Schmieden, Schweißen sowie Kalt- und Warmformen von Werkstücken. Auch die Bearbeitung von modernen Verbundwerkstoffen ist Teil davon. Zwischendurch wirst du die Berufsschule besuchen, wo du die theoretischen Kenntnisse erlangst. Hier im Betrieb wirst du unter Anleitung eines Gesellen oder von mir die praktischen und auch theoretischen Kenntnisse erhalten. Ich selber werde mich innerbetrieblich über den Ausbildungsstand informieren und wenn nötig nachbessern. Ich kann mir nicht erlauben, einen Schützling aus diesem Hause nicht bis zu seinem Endziel zu bringen. Nach zwei Jahren wird eine Zwischenprüfung abgelegt und nach dreieinhalb Jahren erfolgt dann die Gesellenprüfung. Danach bist du ausgebildeter Kfz-Mechatroniker, der in der Lage ist, Fehlerdiagnose und Fehlerbeseitigung durchzuführen!"

Ich fragte den Chef, ob er noch nie einen Lehrling gehabt hätte, der das gesteckte Ziel nicht erreicht hätte.

„Doch", sagte dieser, „den habe ich aber erst gar nicht zur Prüfung angemeldet. Ich melde grundsätzlich nur Lehrlinge zur Prüfung an, bei denen ich mir sicher bin, dass sie sie mit positivem Ergebnis verlassen!"

Ich sagte zu meinem Chef, dass er mir während unseres Gespräches sämtliche Ängste vor einem Versagen genommen hätte.

Er wiederholte, dass ich mich dort in den besten Händen befände und alles nur an meiner Passion hänge. „Wenn du wirklich ein Autofreak bist, hast du keine Probleme, diesen Beruf in diesem Hause zu erlernen."

Ich versprach wie vor einem Traualtar: „Ja, ich will, mit all meinen Kräften!"

„Auf eines muss ich dich noch aufmerksam machen", sagte der Chef zu mir, „unsere Gesellen haben ebenfalls eine Lehre durchgemacht und sind zum Teil während ihrer Lehrzeit von ihren damaligen Gesellen manchmal etwas rüde angemacht worden. Es kann passieren, dass der eine oder andere dieser Burschen seinen damals erlebten Frust versucht heute an dir abzureagieren. Nimm dies nicht so ernst. Das ist halt mal die Umgangssprache in unserem Gewerbe, da darf man nicht empfindlich sein!"

Ich sagte zum Chef, dass ich in einem Betrieb als Handlanger angefangen hätte, wo ich genau diese Situation bereits erlebt hätte. „Diesbezüglich bin ich kein Neuling, außerdem habe ich einige Erfahrung im Umgang mit Kunden."

Mein Chef fragte mich, wo ich denn die Erfahrung mit Kunden gesammelt hätte. Ich erzählte ihm meinen gesamten bisherigen Jobverlauf. Als er hörte, dass ich auch schon beim Paketdienst tätig gewesen war, sagte er: „Wir werden auch von Paketdiensten angeliefert und ich habe zwischendurch auch mit einigen dieser Zusteller gesprochen. Bei allen hörte ich das gleiche Problem heraus – Stress und 12-Stunden-Dienst!"

Ich sagte zum Chef, dass die Aussage von 12-Stunden-Dienst noch geschmeichelt wäre, in der Regel wären es drei bis vier Stunden mehr. Mein Chef fragte mich, ob ich das selbst auch erlebt hätte. Ich sagte, dass ich bis vor Kurzem noch diese Prozedur mitgemacht hätte und ich mich schämen würde, darüber zu sprechen. Mein Chef erwiderte, dass gerade dies der falsche Weg wäre, um gegen solche Sklaventreiber vorzugehen. „Ich kann verstehen, dass keiner der Zusteller sich traut gegen diesen Missstand vorzugehen, aber es ist nicht der richtige Weg. Und eine Gewerkschaft interessiert sich vermutlich auch nicht dafür, weil die Löhne am Existenzminimum gehalten werden, dass es sich für eine Gewerkschaft nicht rechnet. Ich werde bei der nächsten Mitgliederversammlung dieses Thema einmal anschneiden. Es ist kein Thema, mit dem sich die Handwerkskammer herumschlagen muss, aber man kann sich mit der zuständigen IHK zu einem Gespräch kurzschließen. Soviel zu diesem Thema, kommen wir nun wieder zu deiner Situation. Du hast berichtet, dass du zurzeit bei der hiesigen Zeitung als Nachtfahrer tätig bist. Ich schlage vor, dass du bis zum Beginn der Lehrzeit dort bleibst, um keine finanziellen Einbußen zu erleiden. Erkundige dich diskret, wie bei der Zeitung die Kündigungsfristen sind, und kündige zum Letzten des Monats, bevor deine Lehrzeit hier beginnt!"

Ich sagte Okay und bedankte mich noch einmal für die Anstrengungen bei meinem Chef, um meinem Leben doch noch einen Sinn zu geben. Zum Abschied sagte er: „Wenn du ein Problem haben solltest, welches eventuell deine Zukunftspläne durchkreuzen könnte, lass es mich wissen. Wir werden gemeinsam dieses Problem aus der Welt schaffen."

Ich verabschiedete mich und wünschte noch einen schönen Tag. Dann machten mein Vater und ich uns auf den Heimweg, um meiner Mutter meinen Erfolg des Tages mitzuteilen.

In der darauf folgenden Zeit ging ich des Öfteren nach meiner Nachtschicht mittags in meinen zukünftigen Lehrbetrieb, um meinem alten Schulfreund bei seiner Arbeit über die Schulter zu schauen. Nach einigen Besuchen in der Werkstatt lief mir zufällig der Chef über den Weg mit der Bemerkung: „Du nimmst es aber sehr ernst mit deiner Lehre!“ Ich antwortete, dass ich genauso gespannt wäre auf diesen Beruf, wie es wahrscheinlich meine Mutter war, als sie mit mir schwanger war. Der Chef sagte, bis zu diesem Tag hätte er keinen Berufsanfänger mit dieser Passion erlebt, und ging weiter. Mein Schulfreund erklärte mir, dass der Chef mich ganz besonders ins Herz geschlossen hätte: „Hoffentlich bist du dir darüber auch bewusst, dass er von dir entsprechenden Einsatz erwartet!“ Ich versprach meinem Freund, dass ich den Chef nicht enttäuschen würde. Mein Freund fügte noch hinzu: „Es ist nicht immer leicht den Chef zufriedenzustellen. Wenn du irgendeine Frage hast, stelle sie unverzüglich dem Ersten, der dir über den Weg läuft. Wenn wir sie nicht beantworten können, gehe direkt zum Chef, der hat es drauf wie kein anderer. Ich habe dies während meiner Lehrzeit auch so gehandhabt, bin damit sehr gut gefahren und habe deswegen letztendlich meine Gesellenprüfung mit sehr gut bestanden!“

So vergingen die Tage, bis der Termin des Beginns meiner Lehrzeit anstand. Ich hatte die Kündigungszeit bei der Zeitung eingehalten und konnte nun endlich meinen wahrhaftigen Traumberuf beginnen. Ich fühlte mich bei diesem Arbeitgeber so geborgen wie zu Hause. Mein erster offizieller Arbeitstag war nichts Neues, da ich durch meinen vorherigen wochenlangen Besuch in der Werkstatt bereits einen guten Einblick in das Geschehen des Betriebes erlangt hatte. Die übrigen Mitarbeiter des Hauses verhielten sich mir gegenüber völlig loyal, als wenn ich schon ein jahrelanger Kumpel gewesen wäre.

Bereits in der zweiten Woche hatte ich den ersten Tag in der Berufsschule. Am späten Nachmittag verließ ich die Schule mit hängenden Ohren. Ich traute mich kaum noch nach Hause zu fahren. Aber ich musste ja nach Hause, da ich ansonsten unter einer Brücke ohne Essen hätte übernachten müssen. Als ich das Elternhaus betrat, traute ich mich nicht, meiner Mutter zu begegnen. Ich schlich mich in mein Zimmer, warf mich auf mein Bett und hielt mir den Zettel vor Augen, den ich von der Schule mitgebracht hatte. Der Berufsschullehrer hatte mir eine Auflistung über Lehrmittel in die Hand gedrückt. Hinter den aufgelisteten Büchern standen die Einkaufspreise, die ich nie bezahlen können würde und meinen Eltern niemals zumuten könnte.

Einige Minuten später klopfte es an meiner Zimmertür und meine Mutter kam zu mir ans Bett. Mit ihrem Feingefühl spürte sie sofort, dass ich ein Problem hatte. „Was ist los, mein Junge? Du machst einen niedergeschlagenen Eindruck. Ist dir dein erster Schultag nicht bekommen?“ Sie beugte sich zu mir, nahm mich in ihre Arme und fragte: „Wo drückt der Schuh?“

Ich sagte ihr, dass dieser Schultag wohl wieder meine Träume zerstört hätte. Ich löste mich von ihr und überreichte ihr den Zettel von der Schule. Sie las die Auflistung der Bücher, die ich mir anschaffen müsste, und fragte mich: „Wo siehst du da ein Problem?“

Ich fragte sie, ob sie die Summe der Buchpreise überschlagen hätte; das wäre ja ein Vermögen, was da auf mich zukommen würde! Mutter sagte lässig: „Was glaubst du, wie viel die Bücher gekostet haben, die dein Vater und ich in unserer Ausbildungszeit gebraucht haben? Du könntest dir heute davon einen Kleinwagen kaufen! Außerdem soll das nicht dein Problem sein!“

Ich fragte meine Mutter, wie ich das verstehen sollte. Der Chef hatte doch damals gesagt, dass ich für die Lehrmittel keinen Zuschuss bekommen würde. Meine Mutter gab ironisch zur Antwort: „Dein Vater hat bereits unser Haus bei deinem letzten Arbeitgeber in einem Inserat zum Verkauf angeboten!“

Ich schaute sie an und fiel ihr in die Arme. „Hast du sonst noch ein Problem? Dann lass es mich jetzt wissen“, fragte sie. „Unsere Eltern haben unsere Berufsausbildung finanziert, wir sind für deine Ausbildung verantwortlich, und das erfüllt uns mit tiefem Stolz, wenn du das dir gesteckte Ziel auch erreichst! Den Zettel behalte ich“, sagte Mutter, „ich werde dir die Lehrmittel besorgen.“

Kurz darauf kam mein Vater von seiner Arbeit zurück und ließ sich von mir erzählen, was ich an diesem vergangenen Tag erlebt hatte. Ich sagte, dass ich für jede Menge Kosten gesorgt hätte. Mein Vater antwortete: „Das ist der Lauf des Lebens. Die Ausbildung deiner Mutter war bestimmt teurer!“

Meine Mutter fragte den Vater, wie er zu dieser Aussage käme, schließlich hätte seine Ausbildung auch viel gekostet.

Vater sagte: „Die Ausbildung der Männer kostet grundsätzlich nur die Hälfte, da man den Frauen alles zweimal erklären muss!“

Meine Mutter verpasste ihm einen Tritt ans Schienbein, worauf er sich auf die Couch fallen ließ und scherzte: „Ich bin jetzt dienstunfähig und du musst morgen meine Arbeit verrichten!“

Mutter konterte: „Dann wären aber viele Frauen in deinem Betrieb enttäuscht, wenn du nicht da wärst!“

Vater sagte: „Mit dieser Situation musst du dann selber klarkommen und ich glaube, dass du damit sehr große Probleme bekommen wirst. Nicht alle meiner Mitarbeiterinnen sind so pflegeleicht und erfahren wie du!“

„Thank you for the flowers“, sagte Mutter und küsste Vater innigst.

Ich zog mich lautlos auf mein Zimmer zurück und legte mich auf mein Bett. Der vergangene Tag lief wieder wie ein Film vor meinem inneren Auge ab, bis es an meiner Tür klopfte. Mutter rief: „Hast du keinen Hunger? Das Essen steht auf dem Tisch!“

„Ich komme“, rief ich, „sonst macht ihr euch über meine Portion her und werdet dick und fett davon!“

Nach dem Essen und einem kurzen Smalltalk wünschte ich meinen Eltern eine gute Nacht und verschwand wieder in meinem Zimmer. Um den ereignisreichen Tag von heute zu vergessen, schaute ich noch ins Fernsehen und schlief dabei ein.

Am nächsten Morgen, beim Frühstück, bedankte ich mich bei Mutter, dass sie mir das Fernsehgerät ausgeschaltet hatte. „Falsche Adresse“, sagte sie. „Dein Vater hatte gestern wieder einmal etwas Arbeit von der Arbeit mit nach Hause gebracht und danach deinen Fernseher abgeschaltet.“ So richtete ich meinen Dank an Vater, der auf die Uhr schaute und sagte: „Es ist wieder einmal Zeit für uns beide, auf die Schicht zu gehen.“

Wir verabschiedeten uns von Mutter und verließen das Haus. Auf dem Weg zu meiner Arbeitsstelle sagte Vater: „Mach dir keinen Kopf wegen der Lehrmittelkosten. Deine Mutter hat dir ja bereits erklärt, dass das unsere Verpflichtung ist.“

Vor meinem Lehrbetrieb angekommen, sagte Vater: „Halt die Ohren steif und speichere alles in deinem Hirn ab, was für deine Zukunft wichtig ist!“

„Ich werde mich bemühen, ein guter Mechatroniker zu werden!“

So gingen die Tage, Monate und Jahre ins Land. Meine Wissbegier steigerte sich von Tag zu Tag. Nach zwei Jahren stand die Zwischenprüfung bei der Handwerkskammer an, die ich eigentlich noch locker wegsteckte. Doch nach dreieinhalb Jahren kam der Tag der Gesellenprüfung! Ich hatte Schiss in der Hose wie ein Kleinkind. Ein ganzes Komitee von Prüfern nahm mich in mehreren Stationen in die Mangel. Auch mein Chef war an einer der letzten dieser Stationen als Prüfer vor Ort. Als ich dort ankam, sagte er: „Du hast bis jetzt gut abgeschnitten, und den Rest schaffst du auch noch!“

Als ich alle Stationen hinter mir hatte, hoffte ich gleich auf eine Antwort. Doch der Prüfungsleiter war da wohl anderer Ansicht. Als alle Prüflinge durch waren, wurden wir zusammengerufen und es erfolgte die Mitteilung, dass die Prüfungsergebnisse schriftlich an die Arbeitgeber gesandt werden würden. Ich war enttäuscht darüber, nun tage- oder wochenlang im Ungewissen bleiben zu müssen. Doch es dauerte nur wenige Tage, bis mein Chef mich im Betrieb während meiner Arbeit aufsuchte und mir mitteilte, dass ich die Prüfung, wie er es erwartet hatte, mit der Note eins bestanden hätte. Er nahm mich mit in sein Werkstattbüro, wo seine Frau einen kleinen Imbiss vorbereitet hatte. Als ich eintrat, gratulierte mir als Erstes die „Frau Chefin“, als plötzlich die gesamte Firmenbelegschaft ins Büro stürmte. Zwei Kameraden schnappten mich an den Armen und beugten mich kopfüber. Ein weiterer hielt mir eine Schaufel vor mein Hinterteil, und ein dritter schlug mit einem Vorschlaghammer gegen diese Schaufel. Ich verspürte einen heftigen Schlag auf mein Hinterteil und schrie laut auf. Der Chef stand dicht daneben und sprach: „Nachdem du schmerzhaft den Schlosserstempel erhalten hast, bist du offiziell in den Stand der Kfz-Mechatroniker aufgenommen!“

Nachdem ich mich aufgerichtet hatte, stellte ich die Frage, ob jeder nach der Prüfung so misshandelt würde.

Ein Geselle antwortete: „Nein, nur die, die die Prüfung so schlecht wie du abgelegt haben!“

Ich sagte: „Dann werde ich die Lehrzeit noch einmal wiederholen müssen, um nicht mehr von euch misshandelt zu werden!“

Mein Chef trat an mich heran, gratulierte mir zum Erfolg und sagte: „Na, habe ich dir damals zu viel versprochen?“

Ich entgegnete: „Wenn du meine Mutter wärest, würde ich dir jetzt um den Hals fallen!“

Der Chef öffnete seine Arme und sagte: „Ich bin heute deine Mutter!“

Ich fiel ihm in die Arme wie ein verliebtes Mädchen und bedankte mich noch einmal für alles, was er für mich getan hatte. Ich versprach ihm aus Dank, die Firma mit meiner Arbeitskraft weiterhin zu unterstützen. Das war das Stichwort der Stunde für den Chef. „Wir haben gefeiert und widmen uns nun wieder unserer Arbeit.“ Zu mir sagte er: „Du verschwindest für heute von hier und ab morgen beginnt für dich der Ernst des Lebens. Ab morgen musst du dich auf eigenen Füßen beweisen. Ach, übrigens“, schloss er, „ich habe mir erlaubt, deine Eltern zu informieren, die müssten jeden Moment um die Ecke kommen, um dich abzuholen, also Tschüss, bis morgen in alter Frische!“

Ich verabschiedete mich und ging vor die Tore der Firma, um auf meine Eltern zu warten. Nach kurzer Zeit fuhr ein mir fremdes Auto vor der Firma vor und hielt auf meiner Höhe an. Ich wollte dem Fahrzeugführer den Weg zur Reparaturannahme anzeigen, als meine Eltern aus dem Fahrzeug stiegen. Ich fragte meinen Vater direkt: „Hast du dein Auto geschrottet und fährst jetzt einen Mietwagen?“

Er sagte kein Wort, kam auf mich zu und nahm mich in seine Arme. Fast den Tränen nahe, sprach er: „Mein Sohn, von diesem Tag habe ich geträumt, seit du dein 15. Lebensjahr erreicht hast. Herzlichen Glückwunsch für deine mit Bravour bestandene Prüfung!“ Als er mich losließ, fiel mir meine Mutter um den Hals und schluchzte: „Danke, Junge!“

Ich fragte sie, wieso sie sich bei mir bedankte.

Sie sprach: „Du hast deinen Vater heute zum glücklichsten und stolzesten Vater der Nation gemacht!"

Ich sagte zu Mutter: „Ich bin auch stolz darauf und dankbar, dass ihr alle doch noch etwas Brauchbares aus mir gemacht habt. Es tut mir immer noch leid, dass ich euch in meiner jugendlichen Dummheit und Arroganz das Leben schwergemacht habe! Doch Mutter", frage ich, „was hat Vater mit seinem Auto gemacht?"

Sie sagte in einem ernsten Ton: „Das soll er dir selber beichten!"

Ich drehte mich zu Vater um und wiederholte meine Frage: „Hast du dein Auto geschrottet? Das war doch so schön."

Mein Vater schaute mich ernsthaft an und fragte mich: „Wie gefällt dir dieses Modell?"

Ich erklärte: „Für einen Anfänger wäre dieses Fahrzeug ein Traum! Doch nun sag mir, was ist mit deinem Auto passiert?"

„Beruhige dich", sprach Vater, „der steht wie gewohnt und völlig komplett zu Hause in der Garage."

„Ach, ich verstehe, du hast dir einen Zweitwagen für Mutter zugelegt, aber warum sitzt sie dann nicht hinter dem Steuer?"

Mein Vater nahm mich am Arm und zog mich in Richtung des fremden Autos. Als wir da ankamen, öffnete er die Fahrertür und sagte: „Steig mal ein und sage mir, ob das ein Fahrzeug für deine Mutter sein könnte."

Ich stieg ein, sah mich im Auto um und sagte kurz darauf: „Das ist kein Auto für Mutter, die wollte doch immer ein praktisches Auto zum Einkaufen."

Mein Vater sagte: „Dann muss ich mich beim Verkäufer beschweren, dass er mich falsch beraten hat!"

Ich meinte: „Vater, das sieht doch ein Blinder, dass dies kein Auto für Mutter ist. Dies ist ein Coupé mit zwei Türen, Breitreifen, Stereoanlage und viel zu kleinem Kofferraum. Ich weiß", sagte ich zu meinem Vater, „dass du ein Bürokrat bist, aber ich hätte nie gedacht, dass du dich von einem schlechten Autoverkäufer über den Tisch ziehen lässt!"

Plötzlich erwiderte mein Vater: „Guck an, den Verbrecher zieht es immer wieder an den Tatort zurück!"

Ich schaute zu meinem Vater, dessen Blick an mir vorbei führte, und ich folgte dessen Blickrichtung. Plötzlich sah ich meinen Chef wieder vor mir stehen und fragte, was hier eigentlich gespielt wurde.

Mein Vater erklärte: „Da ist doch der Verkäufer, der mich total falsch beraten hat!"

Ich drehte mich im Kreis herum und bemerkte, dass plötzlich alle zu lachen anfingen.

Mein Chef ergriff das Wort und sagte: „Du bist also der Meinung, dass deine Mutter kein Interesse an einem sportlichen Fahrzeug hätte?"

Ich fiel ihm ins Wort und sagte: „Niemals."

„Ja, was machen wir denn nun mit dem Fahrzeug, dann muss ich es wohl zurücknehmen und etwas anderes anbieten."

Ich drehte mich um zu meiner Mutter und fragte, ob sie wirklich noch in ihrem Alter auf ein solch schnittiges Fahrzeug stehe.

Sie sagte: „Eigentlich gefällt mir das Auto sehr gut, ist aber für meine Bedürfnisse unbrauchbar, aber dein Vater hat es nun mal ausgesucht, weil es ihm vielleicht gefällt."

Mein Vater fiel ihr ins Wort und sagte: „Ich wäre nach meiner Berufsausbildung stolz gewesen, solch ein Auto zu besitzen!"

Ich gab zu: „Das wäre auch mein ganzer Stolz!"

Der Chef mischte sich ins Gespräch ein: „Es ist wohl an der Zeit, dass unser neuer Facharbeiter die Wahrheit erfährt."

Ich wandte mich zu meinem Vater und fragte diesen abermals, was hier vorgehen würde.

Mein Vater sagte: „Wenn deine Mutter nichts mit dem Fahrzeug anfangen kann, muss ich wohl eine andere Lösung finden. Das Fahrzeug musste ich bar bezahlen und kann es ohne Verlust wohl nicht mehr zurückgeben."

Ich drehte mich zu meinem Chef um und fragte ihn, ob man es nicht gegen ein anderes Fahrzeug umtauschen könne.

Der Chef sagte: „Es besteht ein rechtswirksamer Kaufvertrag!"

Daraufhin fragte ich: „Besteht die Möglichkeit, dass ich das Fahrzeug übernehme? Ich könnte es dann monatlich abstottern."

Mein Chef sagte: „Nein, diese Möglichkeit besteht nicht, da muss ich hart bleiben!"

Ich wandte mich fragend zu meinem Vater: „Was machen wir nun aus dieser Situation?"

Mein Vater sagte: „Es wird mir nun wohl nichts anderes übrigbleiben, als das gekaufte Fahrzeug privat weiterzuverkaufen, um deiner Mutter ein entsprechendes Auto kaufen zu können."

Meine Mutter konnte meine Anspannung nicht länger ertragen und platzte heraus. „Junge, das Auto ist nicht für mich bestimmt, es ist ein Geschenk von deinem Vater und deinem Chef für deine bestandene Prüfung!"

Ich fragte: „Wieso diese Ehre?"

Mutter erklärte, dass mein Chef ihnen erzählt hatte, dass er noch nie einen Lehrling erlebt habe, der mit so viel Passion ans Werk gegangen wäre. Gerührt ging ich zu den beiden Tätern hin und sagte, ich hätte in meinem Leben nicht geglaubt, dass es so vorteilhaft sein könnte, einen Beruf zu erlernen.

Mein Chef sagte: „Mach weiter so, und du wirst es noch zu etwas bringen in deinem Leben!"

Ich gab ihm zur Antwort, dass ich nun Blut geleckt hätte und großes Interesse hätte, den Meistertitel zu erlangen.

Der Chef fuhr fort, dass er mir dies ohne Bedenken zutrauen würde, allerdings müsste ich hierzu erst ein paar Gesellenjahre hinter mich bringen.

Ich konnte mich nur noch einmal bei allen bedanken und fuhr mit meinen Eltern in meinem ersten eigenen Auto nach Hause.

Zu Hause angekommen, hatte Mutter auch noch, zu meiner Überraschung, ein Festessen vorbereitet und aufgetischt. Wir machten uns darüber her und Vater sagte noch zu mir: „Junge, ich bin froh, dass du doch noch zu dir gekommen bist und für deine Zukunft den Weg bereitet hast."

Ich entgegnete ihm: „Du hättest doch besser nach meiner Schulzeit mir richtig kräftig in den Hintern treten sollen!"

Er antwortete: „Ich glaube nicht, dass das damals geholfen hätte, du hast diese Abfuhr in deinem Leben gebraucht, um dir die Augen zu öffnen!"

Ich fragte nun zum ersten Mal in meinem Leben meinen Vater, wie sein beruflicher Werdegang eigentlich war.

Er sagte: „Ich hatte auch nur den Hauptschulabschluss und begann eine kaufmännische Lehre. Ich bekam allerdings danach die Möglichkeit, mich im heutigen Betrieb weiterzubilden. Diese

Gelegenheit habe ich wahrgenommen und mich so, auch durch anschließende Seminare, zum Teil mit Abendkursen, zum Abteilungsleiter hochgearbeitet. Du siehst, es gilt immer noch das alte Sprichwort: ‚Ohne Fleiß kein Preis'. In unserer heutigen Gesellschaft läuft ohne eine Ausbildung nichts, du bleibst dein Leben lang ein Loser und wirst als solcher behandelt!"

„Ja, liebe Eltern, ich habe es nun auch geschnallt und ich werde von meinem zukünftigen Lohn auch einen Beitrag für das Leben im elterlichen Hause leisten!"

Meine Mutter sagte direkt: „Ich mache dir einen anderen Vorschlag. Dein Vater und ich hatten uns nach unserer Eheschließung ein Kind gewünscht. Gott hat uns dich zum Geschenk gemacht. Wir wollen von dir kein Geld haben, aber du könntest ein Sparbuch anlegen und darauf monatlich einen gewissen Betrag einzahlen. Irgendwann wirst auch du einem Mädchen tief in die Augen schauen und mit ihm eine Familie gründen wollen. Dafür braucht man schon etwas Startkapital. Mir wäre es lieber, wenn du deinem Vater bei Arbeiten rund ums Haus zur Hand gehen könntest."

Ich sagte: „Okay, das ist kein Problem, diesem Wunsch nachzukommen!"

Da schlug die Wohnzimmeruhr achtmal und ich zog mich in mein Zimmer zurück. Ich nahm den Gesellenbrief und schaute ihn mir noch einmal genau an. Im unteren Teil standen die Namen des Prüfungsausschusses und ich entdeckte den Namen meines Chefs, der sich auch darauf verewigt hatte. Ich sagte zu mir: „Dieser Mann ist ein Vorbild für jeden, der sich die Frage stellt: Soll ich einen Beruf erlernen oder ein Loser bleiben? Auf diese Frage gibt es nur eine Antwort: Einen Beruf zu erlernen, sollte für jeden eine Pflicht sein. Keiner in unserem Lande ist zu dumm dafür, es kostet nur die Überwindung der eigenen Trägheit. Ich habe diesen Schritt gemacht, und du kannst es auch, du musst dir nur selber in den Hintern treten."

Wage diesen Schritt, es zahlt sich aus.

Der Autor

Clid Overdrive wurde 1950 geboren. Nach Abschluss der Schule machte er eine Lehre als Elektriker, ging zur Bundeswehr und studierte vier Semester Maschinenbau. Später arbeitete er als Fahrer bei einer Zeitung, danach als selbständiger Fuhrunternehmer. Seine 14-jährige Tätigkeit unter sklavenähnlichen Umständen bei einem Paketdienst inspirierte ihn zu seinem ersten Buch, „Das Leben eines Paketzustellers“. Seit 2016 ist der Autor im Ruhestand. In seiner Freizeit löst er gerne technische Probleme im und ums Haus.